伝説のホストに学ぶ82の成功法則

仕事と恋愛でナンバーワンになろう

中谷彰宏

Akihiro Nakatani

AKIHIRO NAKATANI

SOGO HOREI PUBLISHING CO., LTD

【この本を読んで得する7人】

①女性にモテたい人。
②ホストになりたい人。
③ホストクラブに、行ってみたい人。
④ナンバーワンになりたいホスト。
⑤ナンバーワンになりたいサービスマン。
⑥ナンバーワンになりたいあらゆる人。
⑦成功したい人。

まえがき

「成功する方法」ではなく、「努力する方法」を見つけ出した者が成功する。

中谷彰宏

誰しも一度はなってみたいと思う職業が、3つある。

そのひとつが、ホストだ。

その人たちが思い浮かべるホストとは「美人とセックスをしながら、大金をもらえる職業」である。

ホストに対して好意を抱けない人は、ホストに対する期待感があまりにも大きすぎる人なのだ。

あらゆる職業において、３つの共通点がある。
①ナンバーワンから、底辺までのピラミッドが存在する。
②底辺の人は、やる気がない。
③ナンバーワンの人は、天性に加えて努力している。
ホストの世界も、例外ではない。
ホストの世界は、努力の世界である。
成功者とは、努力する方法を見つけ出した者なのだ。

伝説のホストに学ぶ82の成功法則

【64】努力できるのも才能だと考えよう。
【65】女性は冷静に見ていると意識しよう。
【66】ナンバーワンになっても、冷静でいよう。
【67】「見るからに、その職業」でないようにしよう。
【68】お客様以外の人気を得よう。
【69】カッコよさとローカルさを持とう。
【70】ライバルは、おだてよう。
【71】自慢を聞いてあげよう。
【72】「ミスター○○」で満足しないようにしよう。
【73】オモテとウラを、どちらも大事にしよう。
【74】いつも動いていよう。
【75】威張ることで矢オモテに立たないようにしよう。
【76】身体感覚を師匠から学ぼう。

伝説のホストに学ぶ82の成功法則　目次

目次

装丁 金澤浩二
組版 横内俊彦

恋人がいても、女性はドキドキを求めている。

ホストクラブに来る女性は、モテない女性ではない。

むしろ、いい女に属する女性客が多い。

彼ももちろんいる。

でも、満足していない。

何か満たされないモノを求めて、ホストクラブに来る。

「キープ君はいるけれども、満足していないんです。ミステリアスな部分というのが、ディズニーランドにはない、こちらの魅力だと思っています。しかも、自分の勝手で一方通行で遊びたい」

街でフリーにナンパしたりされるのは、リスクが高い。

でも、ディズニーランドのジェットコースターと同じで、プレイボーイで悪そうに見えても、お店の人なら、そうムチャなことはしないだろうという安心感がある。

誰でもドキドキしてみたいのに、今の普通の男性は、女性に「ドキドキ感」を与えられない。

彼がいて、彼からの安らぎはあっても、ドキドキ感がないというのが女性の不満になっている。

必然的に、モテる男は、すべての女性の面倒を見ないといけない構図になる。

一応カップルではあっても、モテるヤツはとことんモテて、モテないヤツはモテない。

普通の男性は、クラブの女性やレースクイーンを口説いてみたいと考える。

零士さんは、逆だった。

制服を着ている普通のＯＬを口説いてみたくなった。

クラブの女性やレースクイーンに飽きていた。

零士さんは、研究熱心だ。

久しぶりに、渋谷に行ってカップルを見て驚いた。

「おネエちゃんから見たら、そのおニイちゃんは、はっきり言って、安心かつ癒しにすぎないんです」

「癒し系男性」がウケていると、男性は安心してはいけないのだ。

女性は、「癒し系男性」に物足りなさを感じているのだ。

「はっきり言って今のおネエちゃんにとっては、ただの癒しではなく、ただ単に都合よく連れまわせて、都合よく動いてくれるだけなんです。いなきゃいないで、『彼氏と別れて、いい男を捕まえたい』とか『今、私フリーなんだ』みたいな感じなんです」

つき合っているという意識が、女性にはないのだ。

つき合っているという意識でいるのは、男性だけなのだ。

「男は、いざ逆襲に出られるかと言ったら、まったく出られなくて、いいように引きずりまわされている。本人は自覚症状がないわけです。『オレの彼女がさぁ』と話している。僕から見ると、そこでズレが出ている」

その波は、ホスト業界にも、流れ込んできた。

「ホスト業界も、なんとなくそういう波にのまれてしまっている」

お客様の女性が、したたかになったのだ。
これが、成熟社会なのだ。

明日のためにその1

癒しだけでなく、ドキドキも与えよう。

女性は、話の中身よりも、男性の指先を見ている。

零士さんが、全国シェアを持っているある建築関係のトップセールスマンに講演をした。

そこで「あなたたちに一番欠けていること」を指摘した。

「結局、ジェスチャーなんです。『そちらの方、どうですか』という手の動きを、女性はよく見ている。だらしない示し方、爪が汚い、ガサガサでささくれた手はとんでもない。ただ決まり事のように『さあ、どうぞ』と言うのではダメです。『さあ、どうぞ！』という手のラインを、女性はものすごく見ているのです」

黒板に書いている時も、字を見ないで、手を見ている。

「お箸を使う時もそうです。どんなにいい女性でも、とんでもない箸の使い方をしていたら、ちょっと冷めますよね。ミッキーマウスのジェスチャーと同じで、われわれもジェスチャーを使うわけです。客観的に見たら、すごくヘンなぐらいだけど、相手にはすごく伝わるんです」

写真を撮ると、手が入っているのがよくわかる。

写真を撮る時、手がよく入る人と、手がまったく入らない人がいる。

手が入る人が、女性にウケる人だ。

講演の後、感想を書いてもらった。

女性の聴講者は、こう書いた。

「頭の先から爪先まで、見せるためのしぐさ、指、手の伸ばし方が美しかった」

さすがのトップセールスマンでも、男性は誰も気がつかなかった。

これは、研修の本質ではないと男性は考える。

でも、本当は、それこそが本質なのだ。

「ミッキーも、話せないのに、あれだけ子供に伝えるというのは、きっとそういうことなんです。うちの従業員も、着ぐるみを着せればいいんですね」

ディズニーではないが、着ぐるみを着て、誘拐をする事件が起きたことがあった。

誘拐されたのは、子供ではなく、大人だった。
「きっとあれは究極のナンパだったんですね。しゃべらなくても、めちゃくちゃモテて、取り込んでしまった後にホンモノが出てきても、あまり抵抗がない程度のところまで入っちゃっていたのでしょうね」

明日のためにその2

話の中身より、指先を見られている意識を持とう。

女性には、大義名分が必要だ。

人気投票の結果には、賞金も出す。

「店側の給料は安くて、1番になれば賞金10万円がもらえる。2番は5万円、3位は3万円、4位、5位は1万円ずつもらえる。きっと値段ではなくて、順位なんです」

人気投票は、スタッフだけのためではない。

お客様は自分の投票した人がどうなったか、きっと見にくる。

「2週間に1回発表する。私の応援している人はどうなっただろう、必ずお客様は見にきます。これは、もんじゃ焼き屋でもいい。女性も、大義名分がほしい。焼き鳥を食べに来たんだと言いながら、カッコいいおニイちゃんがトークに入ったら、すごく普通の会話じゃ引いちゃって下を向いてしまうようなことも、大義名分ができる」

「大義名分」は、あらゆるサービス業で必要だ。
本音をかくす建前をつくってあげるのだ。

明日のためにその3

大義名分をつくろう。

女性的なことができるのが、男性的な人。

「キムタクは、『ロングバケーション』でピアニスト役をしましたね。『ビューティフルライフ』では美容師をやった。『スマスマ』では料理をつくっています。女のコのやることをやっている」

男性的なことをするより、女性がすることをしたほうが、セクシーなのだ。

セクシーとはまた「センスがある」ということでもある。

「車の運転、料理、味つけ、酒、みりん、しょうゆのような調合、セックス、すべてセンスなんです。『私はタクシー・ドライバーを10年やっています』と言う人でも、ギアをグーン、ガクンと入れる人もいれば、『まだ免許をとって1年です』と言いながら、グーン、スッスッ、グーンという人もいる。あれもたぶんセンスなんです」

サービスとは、センスを売る仕事なのだ。

お客様に、いかにセンスをアピールすることができるかが、勝負なのだ。

「キムタクはめちゃくちゃセンスがあって、ダンスもうまい。今言ったことを彼はたぶんやっていると思われちゃっているんです。そういういい男が何か手ほどきをしてくれる、サポートで回ってくれるという形と外食をドッキングさせたら、まだまだいくらでもチャンスはあります」

キムタクは、もし俳優にならなくても、焼き鳥屋をやっても成功しただろう。

明日のためにその4

男性が女性的なことをしてみよう。

女性は、浮気をしない。

レストランで満足感があるのは、おいしいモノを食べたというより、お店の人とプライベートな会話をした時だ。

顔を覚えていてくれれば、連れていった友達の手前、男だけでなく、女のコもメンツが立つ。

そういう会話をお客様は求めている。

「僕たちは、焼き鳥に行きましょうと言う時は、そこがいつも行く焼き鳥屋よりうまいのは知っているんです。知っているけれど、自分が行く時は、なじみのところに行く。なじみということは、プラスアルファを求めているんですね。オレのことを何か聞いてほしいとか、向こうから『最近どうなの』と聞いてほしい。そういうのが絶対あるんです。そういうお客様は、店の浮気をしない」

お店の味方になる。

「プライドが高くて、お店のことをバカにされたりすると、自分の店のようにムキになって怒ってくれるんです。『おまえに何がわかる。あそこはなぁ、ねぎまはまずいけど、レバーは最高なんだ』とフォローをしたりする。それが僕たちにとってのお客様なんです。これで、僕の進むべき道はまた新たに決まったね。ディオスも、今みたいなカッコいいロゴじゃなくて、『焼き鳥でおす』とかね。そういう方向が僕の夢です」

「ディオス」ではなく「でおす」というところがいい。

零士さんは、本気だ。

「こうやって盛り上がって話を聞いてくれる人は、今まであまりいなかったので、今日は楽しいし、うれしいです」

明日のためにその5

女性が言いふらしたくなるようなことをしよう。

女性は、そばにいる男性より、離れている男性を見ている。

お客様の友達を引っ張ることがある。

これを「枝」という。

「僕のお客様は、永久指名で僕を指名する」

ホストクラブは、キャバクラと違って、お客様は、一度指名したホストは、替えることができない。

これが永久指名制だ。

六本木「ディオス」は、永久指名制というホストクラブのしきたりもやめた。

常連と一緒に来た友達は、フリーだ。

枝は、どのホストが名刺を渡そうがいい。

零士さんは、お客様をいっぱい持っているから、零士さんのお客様の枝を引く攻防戦を数限りなく見てきた。

枝を引くヤツのパターンにはいくつかある。

「1つは、ずっと離れないことです。どっしり腰据え型で、終始自分の話をする。引き出しを駆使して、自分から、こうでもない、ああでもないとやって、ガッチリいく」

同じ腰据え型でも、相手に合わせて、知りもしないことまで全部知ったかぶって、全部合わせるのもある。

「もう1つは、気を引くのがうまいヤツです。その人の持っている価値観をいち早く見抜いて、そこにだけ入る。ほかのこと、よけいなことにはいっさい、あえて入りません。そこだけしゃべったら、いなくなる。長くいないのです。自分を客観視させる型です。しかも、わざと見えるところをウロウロする。またポーンと戻ってきて、ほかのヤツがいくら言っていても、1カ所だけまたチョンチョンとつつく」

わざと離れて見せるところが、高度だ。

「大きな動きをして見させておいて、近くに来て『ごめんね。ところで、さっきの話だけど……』と、そのことばかり話すのです。見抜くのが早い。ナンパのうまいヤツと同じで、そいつはツボだけあちこちついて、またそこだけ見せているのです」

男は、目の前にいると、そこだけを見ていると思い込みがちだ。

でも、女性はそうではない。

女性は、そばにいる時だけではなく、離れている時も見ている。

「みんなそれを先輩たちの攻防を見ながら覚えていくのです。いいところ、悪いところが出ますから、その人の得意な部分だけをマネるのです。それはしゃべり方だったり、話の内容だったりする。パクリなので、『しゃべり方が零士っぽい』と言われたりしますが、そこから入ったヤツは、見せ方を覚えます」

徒弟制度で、マニュアル化できない部分は、師匠と弟子で吸収していかないといけない。

マニュアルにできないところは、徒弟制度が一番効率よく伝わる。

明日のためにその6

離れていても、見られていることを意識しよう。

「これじゃあねぇ」と言われたら、サービスも男も失格。

零士さんは、甘党だ。

バレンタインに、デパートのチョコ売り場に行った。

女のコたちが、零士さんに気づかないくらい興奮していた。

零士さんは、売れ筋のチョコレートは何か観察した。

高級品が売り切れ、売れ残っているのは、安いチョコだった。

「安いから来るというものでもないのですね。いい男やいいコがいるからお店に来るというわけでもないのです。ヘンなヤツ、ミステリアスな部分がないといけない。この世界はミステリアスだと思うのです」

そのミステリアスさをブラウン管に表現するのが難しい。

テレビは、面白さを伝えるメディアなのだ。

「何か怪しいのだけど、面白いというのが僕だったのです。いきなりガウンを着て、シャム猫を抱いて、ワイングラスを持って出てきて、怪しいのに面白い」

怪しさとミステリアスは、違うのだ。

「怪しいだけで、ミステリアスな部分は画面では表現できなかった。女性は、ミステリアスを求める。高いモノを求めるのは、すごくクエスチョンな部分で、それでわかってもらいたいというのがあったからではないか。気休めだけの義理チョコで、安いのなんて逆にとんでもないと思っている」

チョコ売り場で、女のコが、安いチョコを見て言った。

「これじゃあねえ」

この言葉が、零士さんの頭に残った。

「それは今後の女性に対するサービス業のとんでもないヒントを含んでいるのではないかと思うのです」

「これじゃあねえ」と言われるサービスをしてはいけない。

「これじゃあねえ」と言われる男になってはいけないのだ。

零士さんは、スタイリストをやっているコに、聞いた。

「世の中で、高いけど、ここぞというところはある？」

すると、リラクゼーションで足を何かするのが1時間3000円～5000円であると言う。

そこは、OLでごった返していると言う。

「なんで？　そんなに気持ちがいいの？」と零士さんが聞いたら、「スタッフ全員が聞き上手だ」と言う。

「私はああで、こうで」とお客様がペラペラしゃべるのを、スタッフが「そうですか」と、聞いてくる。

「遊び方を知らない人というのは、自分の中で空想の遊びがあって、ウソか本当かわからないようなことを聞いてくれる相手が必要なのです。男性相手には、そんなことが言えるはずがありません。そういうことが言えるのは、オナベやオカマ、ホモなどの中性的な世界なのです。ミステリアスというのは、中性的な部分でないとダメなのです」

同性でもダメだし、異性でもダメだ。

同性だと、同性としての見栄もある。

異性に対しても、どこかに見栄がある。

「それが僕らの目指さなければならない1つのベクトルなのです」

親友と彼の間が、もう一人欲しいのだ。

恋人と親友の間をついていくようなことをすれば、まっとうな市場の中で、まっとうなサービスとして存在する。

「その人たちに対して聞く体勢をとっていくというのが、ホスト業界の壁を突破することです」

零士さんは、女のコが「これじゃあねえ」というのが頭に残って、「どういう意味だ、おまえ。その先にいったいどういうストーリーの展開があるんだ?」と聞きたかった。

しばらくそこで考えてしまった。

「これはきっと何かありますね」

明日のために
その7

「これじゃあねえ」と言われないようにしよう。

セックスを武器に引っ張ると、行きづまる。

ホステスさんはセックスをえさに、お客様を途切れないように引っ張る技を持っている。

ホストの場合も、セックス絡みで引っ張れるのだろうか。

「みんなホストはセックスさせるために引っ張っているという印象を持っていますよ。一般論で言えば、遊び方を知らないお客様にはセックスなのです。ホストは、やってどうにかなるのだったら、きっとやるのです」

男は、セックスすると、「こんなモノかな」とすっと冷めることがある。

女性の場合はどうだろう。

「女性は、セックスをすると、次の段階にステップアップするのです」

その後、要求度が高くなる。

「その人の持っているキャパがいっぱいいっぱいだと、ほかに悪影響を及ぼして、サイクルがめちゃくちゃになるのです」

抱えているお客様全部と、そんなことはしていられない。

「クリスマス・イブなんか困ります」

セックス以外の技も持っている男が強い。

「右四つとか左四つ、そのまま突っ張るとか、がぶり寄り、そのまま押し出しとか、この型に入ったら勝つという型を持っているホストは絶対に勝つんです」

セックスは、最後の武器なのだ。

最後の武器は、最初から使ってはいけないのだ。

最後の武器は、最後まで使わないのが、上手な戦い方だ。

「長くなって、しようがないから、やったよ」と多少会話に出ることもある。

「でも、言わなくてもわかるのです」

零士さんは、セックスをウリにしない。

「見るからに潔癖性で、いい女じゃないとやらないんです」

零士さんは、恋愛でセックスをする。

セックスは、仕事には入っていない。

でも、そう言うと偉そうになるので言わない。

「僕は、遊びを知らないヤツは苦手で、玄人を狙うタイプです」

玄人のほうが、相手の要求度がセックスよりも高いから、ある意味で難しい。

難しい相手も、一点を突破できる道があると言う。

「遊んでそうで口も態度も悪い女に限って、とんでもない純情です。そういうのを横から、普通のヤツが見抜けないところをやるんです」

零士さんは、見抜く。

時には、迷うこともある。

迷った時に、向こうに見抜かれる。

迷った時には、席を外して考える。

「まてよ、この間こう言っていたけど、こう切り返してきたということは、おかしいなぁ」と考える。

まるで将棋の長考だ。

迷っているところを相手に見抜かれたら、相手はかさになってかかってくる。

「自分に不安になるんです」

ホストでも、迷うというのが面白い。

迷うと告白する零士さんが、それだけ真剣で、頭を使っているということなのだ。

「『おかしい。絶対にこういう女のはずなんだけど』と迷う」

女性も見抜かれてはいけないから、すごくあまのじゃくのようなことを言ったり、やったりする。

「中田選手の話ではないですけれども、60分のうち59分30秒ぐらいずっとそうなのです。30秒だけ本音を見せる。それも10秒だけを3回見せる。それを見逃さずに見ている。けれども、あまりにも59分30秒を見ていると、迷ってしまうことがあるんです。それを迷わずに押し切れて、30秒のところだけをチョンとつつける、かゆいところだけをかける勇気がないといけない」

「かゆいところだけ、かく」というのが、サービスの極致だ。

たいていは、かゆいところをかいてくれないか、かゆくないところまで、かかれてしまうのだ。

そこから先の労力がさらにかかる。

要求度が上がってくるから、数を増やせなくなってくる。

遊びを知らないお客様を相手にすると、最初は簡単だが、消耗戦になる。

長期的なリピーターを保てないで、入れかえていく型だ。

遊びを知っているお客様を相手にすると、入り口が難しく、しかもレベルアップを求められるが、消耗戦にはならない。

「遊びを知らないお客様を相手にするのは、育てる楽しみがあるのです」

零士さんは、より難しいお客様を狙う。

「僕は、その人間のもう1つ裏の本当の部分を見るのです」

あまりしつこく電話もしない。

「電話しても、パパパッとしゃべって、相手のデータを僕がうるまでじっくり見ます」

そのほうが的を射られる。

「つないでしまえば、あとはウ飼いのウ状態です。いくつも、何筋もパターンを持っていて、今、この状態だなというのを、たまにまわってチェックするのです。その中で、気に入った女もいる。そういうのにうまく自分の労力を使って、やっちゃったりするのです」
女性の体に入るというよりは、女性の思考回路に入る。
どちらかというと、脳を選んで入っている。
入り方が粘膜系ではない。

明日のためにその8

かゆいところだけをかこう。

手の内は、先にわかっても、相手には気づいていないと思わせる。

零士さんは、相手を見抜いても、見抜いたというところを見せない。

ヘタな男だと、見抜いたところを、女性に気づかれる。

「僕がアッと思った瞬間は、相手がアッと思う前でないといけないんです」

「あっ、ヤバイ！　一瞬見られたかな」と相手が思う時には、あえてとぼける。

ここで変えるぞという時には、もう変わっているのは手品と同じだ。

「向こうには、こちらが気づいていないと思わせるんです」

暗号を解読できたところを知られると、暗号を変えられてしまうのだ。

「僕が現役の時に、みんなこれを聞きたかったのです」

歌舞伎町にも、いろいろツッパったナンバーワンがいた。

「最近、クラブ○○の△△君はすごいらしいよ」と言うと、急に「ああ、なんだ、そいつ。そんなのたいしたことないじゃん。オレはそんなヤツに絶対負けないぜ。あいつはこうらしいぜ」と言うようなヤツが、零士さんのことになると、すごくいいコになって、「零士さん、すごいよね」と言った。

「今、現役で、違う店でやっているけれど、いつかは零士さんの下で、1回でいいから一緒に仕事をしてみたい」と、誰もが言った。

どんなにクセがある男でも言った。

自分の門下生以外には、零士さんは何も言わなかった。

「でも、自分の門下生は、近すぎてさっぱりわからないのです。手品師が真横で見せているとわからなくなるのと同じです。結果だけはわかっていて、途中がまったくわからない状態です」

このレベルの話は、わかる人にはわかるが、わからない人には、わからない。

僕は、誰もが理解する本は書きたくない。

わかるところはあっても、わからないところが多かった、よく意味がわからなかった、イマイチだったという人がいていい。

「わかるところを拾ってくれればいい。『ガブガブいっちゃえ！』みたいな、誰でもわかるモノを読むと、おいし過ぎちゃって、よけいわからなくなります。本というのは、読んだけど1つしか覚えていないというのが正解なのです」

明日のためにその9

気づいたことを、気づかれないようにしよう。

わざと電話をしないこともある。

「女性があの手この手をさしのべてくることもあります。でも、さしのべる順番もある。スッといって、よし、うまくいった、次もうまくいった、これはどうだ、ちょっと違うな、これはどうだ、よし、入り込んだ！　という時がある。その時、向こうがシグナルを出すのですけど、ほんの一瞬で、勘違いのような気がして怖い時があるのです」

読みすぎている怖さだ。

零士さんの話を聞いていると、まるで「宮本武蔵」の決闘シーンの心理描写のようだ。

「僕がズバッといった後、向こうが少し引いてくるはずなので、引いてきたところをちょっと追う。それで向こうが反応してきたら、今度は合わせるのです。いつも2日に1ぺん電話していたのを、3日に1ぺんに切りかえる。それで『ごめん、オレ、ちょっとトラブルに遭っちゃって。ごめんね』と言ってホッとさせる。そこからは型に入っていますね」

結婚詐欺師は途中で1回、わざとケンカする。

パッタリ電話もかけない。

でも、その後「ごめん」と電話をかけると、相手はストーンと落ちる。

明日のためにその10

得意技を持とう。

ピエロになれる人が、トップになる。

ホストクラブに来る女性客は、簡単なお客様ばかりではない。

難しいお客様も来る。

ほとんどのホストは、難しいお客様を避けて、簡単なお客様にすり寄っていく。

零士さんは、難しい女性客にあえて寄っていく。

難しいお客様のところにスーッと寄っていっても、「あんた、いいコじゃない」と言われる。

10年たってもいまだにいいつき合いができる。

「ちょっと困っちゃったんだ。ママ、来てくださいよ」と言える。

零士さんには、「オレは、トップだぞ」という押し付けがましい態度は、1つも感じられない。
ほかのホストのヘルプに付くこともできる。
男の話を聞いても、あえてピエロになって、セカンドの立場になる。

明日のためにその11

ピエロになろう。

「モテること」と「人気のあること」は違う。

世間の印象は、ホストは人気のあるヤツが上に行くという印象がある。

でも、そうではない。

「モテるのと人気者は違うんです。人気者というのは、磁石と同じで、鉄だけがくっつくので、ラクなのです。ところが、モテるヤツは、なんでもかんでもくっついてくる。ごみもよけいなモノもくっついてくる。すごくマイナスなことも引き寄せてしまうのです」

人気者では、トップになれない。

モテなければダメなのだ。

人気者でなくても、モテるようになることはできる。

ケンカが弱くても、やくざの親分になることはできるというのと同じだ。

ヤクザの親分になる人は、ケンカが弱い人が多い。

ケンカが弱いから、ケンカをしない技を覚えようとする。

「でも、器が大きいと思われるわけですね」

ケンカが弱いから、別の技が磨かれる。

口で勝つ技をどこかで覚えるか、仲直りの技がうまいか、ケンカの空気をもとに戻す技がうまいか、何か別のモノがうまい。

ケンカに強いヤツは、ケンカしてしまうので、どこかで撃たれて、生き残れない。

武闘派で生き残って、上まで行った親分はほとんどいない。

それは、どの社会でも同じだ。

ホストでナンバーワンになろうとして、よし、オレは女にモテまくってやろうというところに主力のエネルギーを注いでしまう人は、本当に大事な部分を見失う。

「ミスター・ホストになってはいけないんです。1000人のホストの中で、まさしく『あいつがホストだ！』というヤツはダメなのです」

見るからにアイツはヤクザだとわかるヤツはダメなのと同じだ。

零士さんは、たとえ歌舞伎町を歩いていても、ホストには見えない。
店の中で会っても、かたぎのビジネスマンに見える。
ましてや、ドラマに出てくるような紋切り型のナンバーワン風では、1つもない。

明日のためにその12

「人気者」ではなく「モテる人」になろう。

アメリカのディズニーランドに対抗できるのは日本のホストクラブだ。

学生時代にやってもよかったかな、その道があってもよかったかなと、自分の人生を振り返ることがある。

ただ、実家が水商売をしていたので、子供の時から見ているのとは違うところに行こうとしていた。

もし実家がサラリーマンだったら、きっとこの道に入っている。

それでも30代後半から、サービス業がすごく面白くなり、ホテル、レストランの仕事をするようになった。

子供の時に見ていた親の姿にどんどん寄ってきている。

親の苦労がわかるし、親の話していたこと、家のやっていたことがベースになって、それが今出てきている。

「僕側の水商売のことを話す時に、転換して聞くのでしょうね。ふだんも、そこに置き換えて考えている」

水商売とサービス業には、通じるモノがある。

アメリカには、200年かけてつくり上げた最高の文化がある。

それはディズニーランドだ。

ディズニーランドに対抗できる日本の文化が、水商売だ。

そう言うと、零士さんは驚いて、秘書の宮本さんの顔を見た。

「びっくりしました。僕のお店のコンセプトを、中谷さんはこっそり見たのかなと思いました。見ていないですよね」

もちろん、見ていない。

僕は、六本木にある零士さんのプレイヤーズクラブ「ディオス」に、オープン準備中に行った。

入り口には、スタッフのオーディションのポスターが貼ってあった。

「この店のコンセプトが、まさにディズニーランドです。この店はとんでもなくお金がかかっているんです」

明日のためにその13

ディズニーランドを、ライバルにしよう。

女性には、遊び場がない。

女性には、遊び場がない。

消費経済が、これだけ女性中心になっているにもかかわらず、あいかわらず、水商売の世界は、女性向けのサービスが少ない。

レストランやホテルですら、少ない。

「男性社会には居酒屋がある」

居酒屋も、今のような形のモノは、昔は地方にしかなかった。

「『今日はちょっと一杯、飲みに行こうか』という時に、東京には銀座のクラブしかなかった」

銀座のクラブは、誰もが行ける遊び場ではなかった。

大企業の社員が接待をし、怪しい自営業者が大金をばらまく場所だった。

いくらとられるのか、請求書がくるまでわからない店だった。

「それが20年ぐらい前に、キャバクラができた。そこは銀座のクラブと違って、安かった。『行こう』と言った瞬間に、もう1時間何千円というのがわかっている。そのお店に行くと、中に入ればみんな平等。1時間ン千円で飲めて、カネを使いたい人はさらに使う」

高いか安いかということではない。

料金が、お客様にわかっているということが、キャバクラが画期的だったことだ。

キャバクラは、働いている女のコも、クラブと変わった。

「キャバクラは、芸能界、もしくはタレントを目指す卵、自称レースクイーンを目指す女のコたちでした」

キャバクラは、安いことには安いが、お客様にお金をたくさん使わせるノウハウがあった。

いかに高いお酒を飲ませるかではない。

いかに延長させて、長く店内に滞在させるかと工夫を凝らした。

「パンツの見えそうなおネエちゃんが、いきなり現れて座る。おおーっと喜んでしゃべっていると、5分ぐらいでいなくなっちゃって、とんでもないブスが来る。すると、お客様は、急に背中を向けて、仲間同士で仕事の話をしている。50分ぐらいたった時に、さっきのとんでもないかわいいコがポッと戻ってくる」

ちょうど時間延長のタイミングで戻ってくる。

「だいたいそこで女のコが言う言葉が『ああ、ここが一番落ち着く』なんです。すると、もう帰ろうとしていたお客様は『ええっ！』となって、また女のコとニコニコ話し出す。『よぉしっ、これから！』という時に、『すみません、お客さん、ちょっとお時間なんでぇ』とマネージャーが来る。お客様は『ええーっ！』と思いながら、期待が盛り上がってるから『いいよな、延長、延長！』と言う。そこですかさず、マネージャーが『お客様、ちょっと人気のあるコなんで、指名されたほうが……』と指名をうながす。『指名料いくら？』『一応3000円なんです』『じゃあ、指名、指名！』。でも、店中みんな指名しているんです。そういうこと、みんな経験がありますよね。それがキャバクラです」

これが、キャバクラのノウハウなのだ。

キャバクラのお客様は修行僧なのだ。
お店は修行の場だ。

明日のためにその14

男性のすべての遊び場の女性版をつくろう。

ディズニーランドの入り口で、研究した。

キャバクラにノウハウがあるからと言って、否定しているのではない。
あまりにもあこぎなら、お客様は誰も行かなくなるだろう。
高級クラブが、軒並み行きづまっているのに、キャバクラはますますにぎわっている。
そこには、男性に夢を与える何かがあるのだ。
「キャバクラはきっと、僕ら男にとってのディズニーランドなんです」
「ナンバーワン・ホスト」の零士さんが「僕ら男」と言うのが、面白い。
零士さんは、きわめて冷静に分析できる経営者なのだ。
「キャバクラで入門した男性が、お金ができると、クラブに行く。クラブを卒業すると、お座敷遊びになる。それが男の1つの自分に与えるご褒美で、また明日1日頑張るぞと思う。男性のアフターファイブは、このように居酒屋からソープまであるのに、女性にとっては、まったくお粗末な話で、何もない。男性の逆バージョンをやりましょうということなんです」

ホストクラブは、高い。

そこに通えるのは、有閑マダムと風俗嬢だけだった。

彼女たちは、1カ月に300万円を稼ぐお客様だった。

その層は、少ない。

1カ月に30万円稼ぐOLなら世の中に多い。

零士さんは、そこに目をつけた。

銀座の高級クラブに行けない男性のお客様にキャバクラをつくったように、ホストクラブに行けない女性のお客様に、安く遊べるホストクラブをつくろうとした。

それが、六本木のプレイヤーズクラブ「ディオス」だ。

ホストクラブではなく「プレイヤーズクラブ」である。

「プレイヤー」という名の通り、役者のタマゴたちがサービスをする。

これも、キャバクラと同じだ。

「われわれホストクラブというのは、男性でいえば、銀座のクラブにあたるモノだったんです」

ホストクラブのメッカは、歌舞伎町だ。

零士さんは、あえて歌舞伎町ではなく、六本木に「プレイヤーズクラブ」を出した。

「歌舞伎町は怪しい、怖い、高い、明朗じゃないというイメージがあります。六本木だと、怪しくない、安心、明朗会計。中には、きっとディズニーランドのミッキーマウスのような人がいるんじゃないかと思わせます」

ホストクラブとディズニーランドというと、まったくかけ離れたイメージがあるかもしれない。

でも、実は、サービスやエンターテインメント業としては、きわめて似ているのだ。

「ディズニーランドって、たぶんすごいところなんです。ディズニーランドは地方の人が行っても、都会の人が行っても、金持ちが行っても、貧乏人が行っても、中に入ればみんな平等で、並ばなければいけません。僕はディズニーランドに感化されて、なんであれがあんなに儲かっちゃっているのかなと、追い求めているんです」

零士さんは、ただディズニーランドに感心しているだけではない。

実際に、ディズニーランドに観察に行っている。

「この間も、朝2時間、夜2時間、僕はウチの運転手とワンボックスカーの中で、ディズニーランドに入る人、帰る人を見ていた」

誰もが、みんなごっそりおみやげを持って帰っていった。

「たぶん家に帰ったら、なぜこんなモノを買ったんだろうとか、なんでこんなトレーナーを買ったんだろうと思うでしょうね」

だからこそ、楽しいのだ。

いらないモノを買って帰りたくなるくらい楽しいのだ。

人を喜ばせて、もう1回来させる方法を死ぬほど考えた集大成が、ディズニーランドだ。

日本がどんなテーマパークをつくっても、かなわない。

ディズニーランドには、ハリウッドの要素も、ミュージカル的なブロードウェイの要素も入っている。

ディズニーランドは、さらに、働いている人を喜ばせる仕組みもつくっている。

明日のためにその15

ディズニーランドの入り口で、入る人と出る人を観察しよう。

セリフを話さないミッキーが、最高のホストだ。

零士さんは、ディズニーランドに勤めていた人の話も聞いた。

「ゴミも、どういう態度で拾うかはもちろんのことですが、普通の格好をした普通の人に、常に全部、針のむしろ状態で見られている」

二流のサービスマンに欠けているのは、この見られているという意識だ。

「ディズニーランドのミッキーマウスが素晴らしいのは、話せないことなんです。しかも、顔がデカイ。笑ったら、自分に向かって笑ってくれたと思える。顔を向けて1回手を振ったら、何百人もが『私に手を振った』と思う」

ディズニーランドには、毎週行くようなマニアがいる。

まるでなじみの店に行くのと同じだ。

「常連は、『ああ、いつもどうも！』と言えないから、ミッキーマウスもミニーちゃんもいいんです」

心の中で、その声を聞いているのだ。

ディズニーが経営するアンバサダーホテルのレストラン「ミッキーズ・シェフ」では、ミッキーが回ってきて、子供に「おなかいっぱい食べた？ おいしかった？」というしぐさを、声を出さずに見せる。

それが子供にウケている。

言葉で言っても、気持ちが全然入っていないサービスマンは、着ぐるみ研修をするといい。

着ぐるみに入ると、言葉が言えない分、表情やアクションでやらなければならないところが上手になる。

明日のために その16

自分の店のミッキーになろう。

女性は、建物を見にくるのではない。人に会いにくるのだ。

ディズニーランドに来たとわかるのは、シンデレラ城を見た瞬間ではない。

シンデレラ城は、葛西のインターチェンジのあたりから見えてくる。

あそこだとわかっても、まだ実感はわかない。

ゲートを入って、ミッキーがいた瞬間に実感となる。

人はミッキーマウスに会いにいく。

お店でも、お客様は「この人」に会いにくる。

しかし、たいていのホストは「このシャンデリアはすごいでしょう。これは高いんですよ」という話をする。

それは「シンデレラ城、すごいでしょ」と言っているのと同じで、失格だ。

本来、サービス業は、キャラクターを売っていかなくてはいけないのだ。
ミッキーがいて、ミニーちゃんがいて、ドナルドがいるということを、本当はもっと大事にしなければならない。

明日のために その17

女性は、自分に会いにきてくれていると意識しよう。

女性にモテる人は見えないモノに、一番お金をかける。

店がオープンしてから、行ってみた。
翌日、あることに気がついた。
クラブに行った翌朝必ず感じるノドの痛みを感じなかった。
零士さんの店は、空調に力をいれていた。
零士さんは、建築家に3つのお願いをした。
①空調は、お金が普通の2倍、3倍かかってもいいからいいモノにする。
②ゴールドとシャンデリアは絶対やめる。いかにもカネがかかっているというのはいっさい見せない。
③照明は、直接光はやめて、全部間接光にする。

「ゴールドとシャンデリア」は、ホストクラブのシンボルだった。

零士さんは、それをやめた。

零士さんの店のテーマカラーは「シルバー・黒・ブルー」の3色。作り付けではなく、スイッチで色が変えられるようになっている。

空調に気をつかっている店はなかなかない。

空調が悪いことに気がつかないか、予算のしわ寄せを空調に持っていってしまうことが多い。

次の日、ノドの具合が悪かったり、気持ち悪くなったり、疲れるのは、前の日の店の空調の悪さが原因だ。

その場にいると気づかないが、それは、快適な空間ではないのだ。

「サービス業の僕らは当然お代をいただかなきゃいけないんです。ディズニーランドもそうです。そのお代をいただく時に、短くて内容の濃いモノより、長くて薄いほうがお金をもらいやすいんです。長くいさせたい。誰も最初から長くいるつもりはないんです」

ちょっと「1時間だけ」とやるのだ。

楽しければ、つい長居してしまう。

予定通り1時間で帰られたら、楽しくなかったということなのだ。

「『ついついいちゃった』という空気をつくるのです。そのうちに、お互い仲良くなれるのです」

零士さんは、タバコを吸わない。

だから、余計タバコの煙には敏感だ。

「煙がもうもうとして空気が悪いところで、『これは、すごいフォアグラを使ってい て、川島なお美さんのシャトーマルゴーの82年か。ウームさすが……』と言ったって、おいしさは半減なんです」

インテリアや改装のクレームでは、空調が一番多い。

設計する時は、厨房や客席など儲かるところにどんどんお金をかける。

結局、空調が圧迫されて、でき上がった時の排気、空気の流れが悪くなる。

空調とソファーなら、ソファーにお金をかけてしまう。

一流のお店は、見えるソファーより、見えない空気にお金をかけるのだ。

「空調がよければ、ソファーも『なんか座りやすいな』という気になってきて、長居するようになるんです」
空調は見えない。
サービスも究極、見えないところで、差がつく。
ディズニーランドと並んでアメリカが発明したモノに、ラスベガスがある。
ラスベガスは、空調から酸素を流している。
だから、みんな眠くならない。
ギャンブルで負けて、「もう寝ようかな」と思っても、急に元気になる。
「ラスベガスも相当考えていますね」
そのかわり、ラスベガスは、飲食代は極力安くしている。
お客様が喜んで稼げるようになっている。
ギャンブルは、負ける。
負けてもまた来てもらうには、射幸心だけで引っ張っていてはダメだ。
楽しく、快適でないといけない。

明日のためにその18

空調にお金をかけよう。

ディズニーランドとホストクラブでは、どのお客様も平等。

女性市場は、ほかのサービス業では大きくなっている。

まず女性向けのモノが増えた。

でも、女性向けのサービス業はまだまだ少ない。

特にサービス側でも、ホストクラブは、有閑マダムか、風俗のコが行く狭い市場というとらえ方があった。

「だいたいのサラリーマンが、『オレも、キャバクラには、お世話になったな』みたいなのがある」

男性の誰もが、キャバクラ経験をもつ。

子供の誰もが、ディズニーランドに行ったことがあるのと同じだ。

「キャバクラにいる女のコは、きっと男性にとってはミニーちゃんなんですね。あわよくばというモノがおのおのにあって、いろいろな思いをふくらませながら、そこに行く」

零士さんは、「ディズニーランドでは、お客様は誰もが平等」と言う。

この「平等」が大事だという意識は、高級クラブに行ったことがある人でなければ、意識できない。

「銀座の高級クラブに行くと、そういう甘酸っぱい夢をぶっ壊す成金オヤジがいるんですよ。ウキウキ『あわよくば』と、名刺を渡して、1時間5000円、指名しても1万円でいいことができると期待している。仲間が無料指名券なんてもらっていれば、『そうかぁ、指名できるなぁ！』と思って行く。ところが、一人の成金が入ってきて、すぐ『会長〜！　どうもぉ！』って、急にみんなサーッといなくなっちゃう。『なんだ？　オレらはいったいなんだったんだ』とガッカリする」

高級クラブは、完全資本主義社会なのだ。

お金を持っている者だけが楽しめる。

お金のない者は、お客様であっても、貧乏のつらさを思い知らされる。

「そういうのがないのが、キャバクラなんです」

キャバクラでは、お金のある者も、ない者も、等しく楽しめる。

「そうこうしているうちに、ショーが始まります。パンフレットを見ると『おおっ、きれいだな。さっき来たあのコだよ。スゲェー！』となる。自分のところには来てくれなかったということで、イマイチ気に入らなくても、それで希少価値が上がって、『指名！』となる。そういうところが、男性にとってはミニーちゃんというゆえんなんです」

明日のためにその19

お金が少なくても、楽しめる仕組みをつくろう。

「ミステリアス」とは「あわよくば」という意味である。

「これから女性が躍進するであろうとか、男性にはないシャープな決断力を持った女性がこれだけ活躍しているのに、女性のアフターファイブに関しては、遅れています。ちょっとメシを食うとか、ちょっと1杯飲む」

その後に、行くところがないのだ。

9時や10時で、女性の楽しめる場所がないのだ。

ホストクラブは、店が開くのは、夜12時からだ。

盛り上がるのは、午前4時から6時だ。

普通のOLが遊べる時間帯ではない。

いくらホストクラブに行ってみようかと思っても、3時間もぶらぶらしなくてはいけないのだ。

零士さんは、六本木店のオープンを夜8時にした。

「昔のディスコやテーマパーク化させようとしたモノもみんなずっこけたんです。集客できなかった。今までそこだけ何もジャンルがなくて、真っ白なんです。女性は遊びに来たことがない」

料金が明朗であることと、ミステリアスであることは、両立する。

ただすばらしいモノをつくっても、女性は魅力を感じない。

「すばらしいモノをつくれば女は来るかと言っても、女って、ミステリアスな部分がないと来ないんです。男性の『あわよくば』なんてモノじゃなくて、なんとなく危険な、アバンチュール的なモノが要るんです」

「ミステリアス」とは、ぶっちゃけていうと「あわよくば」という意味でもある。

女性は、安全と危険の両方を求める。

歌舞伎町は、入門者には、やや危険度が高すぎる。

「歌舞伎町では怪しくておっかない、ホストがいっぱいいて、有閑マダムがお金を使っているから、私たちは相手にされないというイメージがある。だったら、キャバクラをつくっちゃおうというのが、今回のここのコンセプトなんです」

明日のためにその20

「あわよくば」という夢を与えよう。

夢の世界では、現実が一瞬でも見えてはいけない。

零士さんは、歌舞伎町で「ナンバーワン・ホスト」になってからも、ずっとそういう構想を練っていた。

「ディズニーランドも、安いジーパンをはいた親子とか、あるいは今時着ないようなペアルックを着たダサいカップルとかが入っていくわけです。そうかと思えば、わざわざハイヤーを横づけして入っていく人もいる。でも、あの中に入って、ミッキーマウスが風船を持ってウロウロしているのを見た途端に、子供ほったらかし状態ぐらいになる。貧乏なお母さんも、お金持ちのお母さんも、同じように楽しそうに童心にかえって、平等に並んでいる。それを見て、これだな！　と思いましたね」

アメリカは、階級が分かれた多民族国家だ。

そういうところは、旧ソ連のように、ともすればすぐ解体してしまう。
ユーゴスラビアのような小さなところでももめている時代だ。
アメリカでも内紛が起こってもおかしくない。
それが起こらない仕組みとして、ディズニーランドがうまく機能している。
たとえ貧乏でも、ディズニーランドに行けば、お金持ちと一緒に並べる感覚がある。
ところが、銀座では「会長さん」が来た瞬間に、夢が現実になってしまう。
夢の世界には、現実を引っ張り込んではいけない。
一瞬、ちらりと見えてもいけないのだ。

明日のためにその21

つまらない現実が、かいま見えないようにしよう。

新しいサービスをつくるということは、新しい料金体系をつくることだ。

未成年のコギャルを店内に入れて問題になったホストクラブがあった。

遊びなれた有閑マダムは、サービスが難しい。

ホストにも、かなりの力量を求められる。

ホストが楽をしようと思うと、簡単にこなせるコギャルを相手にするようになる。

コギャルから稼ごうとすると、サービスのレベルが下がってしまうのだ。

風俗嬢にサービスをしているうちはいいのだが、コギャルに借金をさせて、風俗に売り飛ばすことで、問題になったのだ。

本当の問題は、より楽なお客を求めてしまうことで、レベルアップの努力をしなくなることなのだ。

零士さんのターゲットにするＯＬは、楽な相手ではない。

ある意味で、有閑マダムや風俗嬢以上に遊びなれている。

合コンなれして、スレている。

風俗嬢の小遣いは、月１００万円。

１回の飲み代は、３万円。

１回で１００万円も使うというのは、マスコミのつくり上げた迷信だ。

そんなお客様もいないことはないが、マジョリティではない。

そういう仕事のやり方では、店は続かない。

このことについてのホストクラブに対する誤解が、あまりにも多すぎる。

「ソープ嬢１００万円の小遣いのうちの３万円を１回で使ってもらっている。それなら、ＯＬは10万円のお小遣いのうち、１回３０００円だろうということで、料金は１時間３０００円としたんです」

ＯＬ向けの料金をいくらにするかという基準もなかった。

なにしろ新しいサービスモデルなのだ。

「そのジャンルの女性を今までほうっておいた人が悪いんです」

市場が変わっているのに、サービスする側が変えていないから、コギャルがホストクラブに来て、社会問題になる。
それはサービスサイドの柔軟性がなかったからだ。

明日のためにその22

新しい料金体系をつくろう。

いいモノは、知らせる義務がある。

キャバクラに行くと、女のコは誰でも、零士さんを知っている。

ＯＬでも知っている。

なぜなら、零士さんはテレビに出るからだ。

それまでのホストは、テレビには出なかった。

「テレビなんて」と侮っていた。

零士さんは、メディアのパワーを知っていた。

「キャロウェイというアメリカのゴルフクラブがあります。日本人はアメリカ人と体型も全然違えば、食べるモノも、クルマも大きさが全然違うはずなのに、日本人が向こうのクラブを飛びついて買うわけです。そのキャロウェイの経営理念の中に

『明らかにすぐれているモノは、世の中に知らしめなければならない』というのがあるんです」

いくらいいモノでも、知られなければ、意味がないのだ。

「僕らも、明らかにすぐれているようにつくった。それを世の中に、これでもかと知らしめないと、すぐれたモノに対しての責任をとれない。すぐれたモノをつくった以上は、責任がある。それをまずはみんなに伝えないといけない。僕らはそこをものすごく考えたのです。そうでないと、一部分のある限られた人たちだけの社交場になってしまって、ホストクラブと同じになってしまいます」

いいモノをつくった人には、知らせる義務があるのだ。

ホストクラブは、限られた人だけのモノだった。

だから、知らせる義務はなかった。

知られないほうがよかった。

ところが、零士さんは、大人の女性のためのディズニーランドをつくった。

それは、知らせなければならない。

だから、どんなバラエティ番組でも、嫌がらずに出演する。

すぐれたモノを知らしめるという言葉は、今までは「宣伝」という意味だけで解釈されていた。

これは「宣伝」だけではない。

「奥の深い言葉です。キャロウェイという会社は、国を飛び越えて、よその国の市場までグワッと行く。明らかにすぐれたモノは、改良に改良を重ねている。だから、ここも改良に改良を重ねていく」

知らしめると、必ず改良をしなければならなくなる。

誤解してはいけない。

零士さんは、安いバージョンをつくろうとしているのではない。

新しいジャンルをつくろうとしているのだ。

「きっとこれからは、高いか安いかと考えるよりは、ジャンルをいかに発見するかですね。ジャンル＝位置づけです。緯度と経度をいかにうまく合わせるか。そういうほうがきっと当たる。発見プラス成功でしょうね」

発見こそが、まず成功のスタートラインなのだ。

明日のためにその23

いいモノは、知らせよう。

ディズニーランドが、ホストクラブを始めたら勝てるか。

何が自分のライバルかを考える時、ライバルを同業者に見ていては成功しない。

歌舞伎町には、200軒のホストクラブがあると言われる。

1軒に25人のホストがいるとして、5000人のホストがいる。

その5000人が、限られたお客様を奪い合っている。

いかに大きいとはいえ、歌舞伎町の中で、パイの取り合いをしても始まらない。

生き残れる発想をするには、今までのところとは戦わず、新しいお客様を巻き込んでいくことだ。

よけいな戦争は消耗するだけで、いったん奪い取っても、また取り返される。

僕は、日本のあらゆるサービス業のライバルは、ディズニーランドだと思っている。

零士さんも、ディズニーランドをライバルだと考えているからよく見にいく。

森ビルの頭山専務も、ディズニーランドには179回行っている。

パビリオンは1つも入らないが、ずっとベンチに座っている。

「僕もジェットコースターのような乗物は苦手なので、乗りません。入口が10カ所ぐらいあるのに、中は全部つながっているとか、人の配置とか、いろいろなことを見る。子供が取りやすいモノは下にあるし、大人向けの、子供がそうそう手に取れないようなモノは上に置いてある。きちんと考えられている」

零士さんは、よく見ている。

ディズニーランドに行って、アトラクションだけを見ていて、感心していてはいけないのだ。

本当の工夫は、アトラクション以外にあるのだ。

「僕が媒体で、『ディズニーランドを目指します』なんて言うのもおこがましいぐらい、ディズニーランドはすごいので、こっそり見に行くしかないんです」

そういう意識を持っているかいないかの違いは大きい。

それは、逆に言えば危機感だ。

もしディズニーランドがホストクラブを始めたら、今のホストクラブは勝てるか。

「そうなっちゃったら、ヤバイですね」

人は、ディズニーランドがホストクラブなんかやるわけないと言う。

でも、何を根拠にそう言えるだろうか。

ディズニーランドのお客様は、子供だけではない。

大人が、おじいちゃん、おばあちゃんまでが楽しんでいる。

ホストクラブに来る有閑マダムや風俗嬢も、ディズニーランドに行っている。

そのジャンルを自社の中で広げていったら、どうなるか。

「オレ、そういう考え方、好きだなあ。本当にそうなんです。この間、夜のパレードで、ミッキーが向こうにどんどん行っちゃった後に、ドンドコ、ドンドコ、太鼓の音が聞こえてきたんです。きれいなおネエちゃんの隣に、とんでもないカッコいい外人のおニイさんが、ペアを組んで踊っているのに気がついた。夜のパレードで踊っている外国人のような格好をしたおニイちゃんは、メイクをとったらめちゃくちゃいい男なんだろうなと思いました。あのおニイちゃんを引っ張ってきて使ったら、どうなるか。まさかディズニーランドがやるとは思いませんよ。でも、もしやられたら、みんなそこに1回は行っちゃいます」

明日のためにその24

ディズニーだったら、どうするか考えよう。

「もう1回行ってみたい」と思わせる仕掛けがいる。

ディズニーランドは、一度は行ってみたいところだ。

ホストクラブも、女性だったら、一度は行ってみたいところだ。

「世の中のおネエさんに『ディズニーランドに行ったことがありますか』と聞くと、99％は『行ったことがある』と言うんです。なぜ行ったのか聞くと、『1回行ってみたかったから』と言う。しかも、みんな2回以上行っているんです。修学旅行で1回行って、その後自分で行って、今度彼氏とも行きましたと言う」

彼氏ができるたびに行く人もいる。

「それがディズニーランドなんです。1回行ってみたいところ。そんなディズニーランドがホストクラブをつくって、カッコいい外国人のおニイさんが何百人もいて、常に本国からいろいろなヤツが来ているとなったら、それは勝てないですよ。まだ誰も目をつけていないうちにやりたい。ライバルはやっぱりディズニーランドです。ジャニーズ事務所よりも怖い」

ホストクラブも、もう一度来たいと思わせる工夫が必要になるのだ。

明日のためにその25

「1回行きたい」「もう1回行きたい」という仕組みをつくろう。

キムタクは、ミッキーマウスなのだ。

フジテレビの荒井博昭プロデューサーは人気番組「SMAP×SMAP」ですごいゲストを呼んだ。

菅原文太さんを始め、女優陣も、同年代ではなく、大物を呼ぶことで、スマップの好感度がますます上がった。

キムタクがミッキーとパラパラを踊った。

ディズニーランドはサービス精神満点だ。

ミッキーは、通常の番組には出ない。

「スマスマ」には「ディズニー」とクレジットを入れて出ることで、両方にメリットがあった。

キムタクの最大のライバルは、ミッキーだ。

零士さんも、キムタクについて、かなり研究していた。

「うちの社のコと、ヒルトンホテルの2階の『チェッカーズ』で、朝定を食べながら、木村拓哉について3時間、昼までずっとしゃべったんです」

テーマは「木村拓哉さんとは」だった。

「キムタクって、誰から見ても、きっとおばあちゃん、おじいちゃんとかから見ても、若くてカッコいい」

ずっと考えて、何枚も何枚も紙に書いて、出た結論は、「キムタクは、ミッキーマウスだ」だった。

「誰が来てもそつなくこなす。ミッキーマウスも、特別訓練をされて、すごいダンスを踊って、高度なレベルのことを、ミッキーマウスっぽく、さりげなくジェスチャーしている。きっと木村拓哉さんも、すごくオリジナル性があって、普通に、あっさりダンスを踊っている。それが、オーバーじゃないんです」

ダンスがうまくても、オーバーになると、お客様は引いてしまうのだ。

「木村拓哉さんは、誰から見ても、どの角度から見ても、オリジナル性が強いんですね。100％ディズニーランドのミッキーマウスなんです。あの二人はきっと、中谷さんがおっしゃるようにライバルです。日本のおネエちゃんは、ジャニーズ事務所と、ミッキーマウスに相当やられちゃっているんですね」

文化は国境を越える。

ミッキーとキムタクは、年齢を超えた最大の恋人であり、アイドルだ。

明日のためにその26

キムタクだったら、どうするか考えよう。

ディズニーランドは、遊園地ではない。誘惑業の集大成だ。

ディズニーランドは、遊園地ではない。

せっかくディズニーランドというこれだけいいお手本があるのだから、研究し、生かさなければもったいない。

「あれは、お金をかけた遊園地だ」というレベルの解釈では、何も学べない。

アメリカ200年が培ってきたサービス業の集大成であり、教科書として学んだほうがいい。

「ディズニーランドのいろいろなことを探求した人はいっぱいいるんでしょうね」

街づくりを研究する森ビルの頭山専務は、仕事だけでなく、自分の視点で行って、これは面白い、あれは面白いと思って見る。

あれだけ大きなモノになると、ディズニーランドを「街づくりの1つのモデル」として見ることができる。

「パラパラだって、神楽坂の『TWINSTAR』の店長をやっていた男が、昔『ジュリアナ』にいたころ、最初考え出した。自分でバカ殿様のカッコをして踊って、ビデオをつくっていた。それが、今はミッキーマウスがパラパラを踊っているんですから、考えればびっくりですよ。だから、もしかしてディズニーランドが本当にその気になって、日本で何かをつくったら、全部占領されるでしょうね。『バイ・ウォルトディズニー・カンパニー』と入っていれば、それがもう絶対的な信用ですから」

それが、ブランドなのだ。

ディズニーランドでアルバイトしていたと言うと、就職の時、有利だという伝説まである。

ホストクラブでバイトしてたと言ったら、就職で有利になってもいいはずなのだ。

ホストクラブで成功した人が、ほかの全然違う業種で成功したら、そこで初めて、もともとのホストクラブの業種で、ある本質をついたサービスができたことになる。

「それが、僕の人生の最大の課題ですね」

零士さんの考えることは、儲けることではない。
ナンバーワンホストであり続けることでもない。
ホストそのものの歴史を変えることなのだ。

明日のためにその27

次の仕事のキャリアにできるようにノウハウをためよう。

あらゆるサービス業が、指名制になる。

「きっと中谷さんはわかってくれると思うんです。普通の人は表面的に『いいんじゃない』と言うだけなんですけど」

そう言って、零士さんは、打ち明け話をしてくれた。

「僕、本当は外食産業にすごく興味があるんです」

ホストも、外食産業では、お客の側だ。

「遊び人って、朝まで飲んだ後、青山の『SARA』に行って、ハヤシライスを食べるんです。ちょっと昔懐かしいおふくろの味を思い出させるような、味的に高級で濃いところが、酒を飲んだ後はすごくうまいなと思うんです。ハンバーグにビーフシチューがドロッとかかったキング・オブ・キングスを平気で食べているヤツを見ながら、『オレも若い時はああだった』と思う」

　零士さんは、その店のメインチーフとサブチーフを引き抜いた。

　零士さんは、ある伝説をつくりたかった。

「めちゃくちゃカッコいいヤツのいるオープンカフェで、めちゃくちゃカッコいい女たちがお茶したり、めちゃくちゃかわいい人が『SARA』のビーフシチューを食べる。カップルでそれを食べると結ばれて幸せになるというような伝説をつくりたかったんです。そうすれば、このすぐれたビーフシチューを知らしめることができるんじゃないか、そういうことにすごく興味があった」

「いいモノは、知らしめる義務がある」という信念だ。

「それでたとえば、笑わないでくださいよ」

　そう前置きをしながら、零士さんは言った。

「『焼き鳥ディオス』をやってしまおうかと思ったんです」

　なんとホストクラブが経営する焼き鳥屋とは、面白い。

　ギャップの大きさが、ユニークだ。

「焼き鳥屋って、男くさくて、女が入りにくいところだった。そこをおしゃれな焼き鳥屋にする。中にいるのは、すごく精悍《せいかん》でさわやかで、短髪でめちゃくちゃいい男が働いているんです。そんなヤツが『いらっしゃいませ！』と焼き鳥を焼いている。鉢巻の色も全部違うんです。女性客には『ご指名は？』と聞くんです。『ない』と言われれば、普通のところに座らせて、『○○さん』というのがあれば、『ブルー（の鉢巻）ですね』と言って通される。そこまではホストクラブと同じです」

焼き手を指名できる焼き鳥屋なのだ。

「さらにそいつはトークもできる。『今日は寒いっスね。一杯飲みますか』『じゃあ、焼酎ください』『なんならボトルでいっちゃったほうがいいんじゃないですか』『じゃあ、ボトルキープして』。そうなれば、そいつのポイントになるという形にする」

給料が、ポイントで変わるので、働いている側もやる気が出る。

「帰り際のお会計の時には、指名のないお客様には『私は赤の鉢巻の人がよかった』と、人気投票させるんです。赤い鉢巻はその店の筆頭です。『先月の筆頭』と、大工の源さんみたいな赤鉢巻の写真を出しておいて、はっぴも違えておく。色は、ゴレンジャー式に1番が赤、2番が青、3番が緑、4番ピンク、5番は黄色なんです」

女のコは、意外と2番手、3番手を応援する。

働いている側は、赤い鉢巻を目指して頑張る。

明日のためにその28

指名制にしてみよう。

水商売で働いている女性が、閉店後行ける店がない。

「営業は、夕方からやって朝の3時まで。深夜12時を過ぎると『おつかれレディースセット』とかいうのが出てきて、それは水商売のママ限定メニュー。ママと名のつく人だけが、それを食べられるようにする」

店を閉めた後の水商売で働く人たちが行ける店が、ホストクラブ以外にないのだ。

これも、真空地帯になっている。

109のお好み焼き店「千房」は、「エゴイスト」の店員だけが頼める限定メニューをつくった。

中身はどうということはないが、「エゴイスト」のレシートを持っていくと、注文できる。

「『おつかれレディースセット』は、お酒を飲む人にはすごくいい薬膳料理みたいなモノにする」

ママでなくても、ＯＬが「私、それ頼んでみたい」と言いそうだ。

一緒にいるビジターも頼めるようにすれば面白い。

「水商売の人が名刺を出すと、５００円ぐらいの格安で出しちゃう。でも、それだけじゃたぶんダメなので、そこに来ているかわいい女のコたちに、『私と一緒だ』と言えば、これが食べられるというふうに声をかけさせちゃう。店同士でスカウトもできるようにする」

「そんなチャラけたヤツに、焼き鳥なんか焼けるか。バカヤローッ」と、老舗の焼き鳥屋さんは言うかもしれない。

「でも、実はバリバリの職人が、のれんの向こう側で焼いている。注文が入れば、そこで焼くんです。それでサーッと持っていって、下で焼いているようなフリをして出す。上ではトークもしている。そういう外食産業プラス女性への、ガーリックではない、ミステリアスな香りづけはどうかなというのが、僕の夢なんです」

これは夢ではなく、零士さんはすでに準備を始めている。

明日のためにその29

夜12時からのサービスを考えよう。

ホストクラブのノウハウは、新しいビジネスに生かせる。

零士さんの構想には、たくさんの新しい「ビジネスモデル」がある。

1つは、ホストクラブにある「指名制」を外食産業に取り込んでいる。

「ワンダーテーブル」がそれを始めようとしている。

予約をとる時に、「ウエイターの指名はありますか」と聞いて、アルバイトも売上げ歩合制に変えようとしている。

アルバイト君がお客様と仲よくなれば、指名料がなくても、当然売上げが伸びる。

そうすると、時給の上限がなくなってくる。

指名制に変われば、今までの時給制とは違う働き方をしなければならない。

日本ではチップ制が定着しないが、代わりに、指名制が突き崩すサービスのあり方が出てくる。

零士さんは、指名制の難しさも知っている。

やり過ぎると、何でもありという問題も生まれる。

そこは、ホスト業界が30年かけてつくり上げてきたノウハウが生きる。

「システムを導入したら、あとはメディアでどのように知らしめるか。1日、スマップの中居君が働いてみるとか、変装して出川君がやってみるといったバラエティーで使ってもらえば、焼き鳥屋へ行こうよとなる。しかも、いろいろなサイドオーダーもあるということを見せれば、地方に持っていってもOKです」

ホスト業界は、芸能界のようで、芸能界的ではない。

無名時代、ホストクラブで働いていたと言うと、いいイメージにならない。

「あのタレントさんは、あそこで昔、焼き鳥を焼いていたんだよというのもOKだと思うんです」

タレントでも、無名時代働いていたんですと、堂々と言える場にしなければならない。

「六本木ディオスも、芸能界を目指している男のコたちがバイトできるというお店で、決してホストクラブではないんです」

大事なのは、水っぽくならないことだ。

サービス業は呼吸なので、ある種相手を楽しませる演出を自分で考えるというあたりは、役者のトレーニングとしても最適な場所だ。

明日のためにその30

ホストになったつもりで、サービスしよう。

お金がなくて、才能のある人を探している。

零士さんは、もう次の構想を持っている。

「最後は、ビル全体をプロデュースし、マネジメントしたい。1つのテーマビルにして、そのビルに行くことをステータスにしたい。1階のオープンカフェも、業界関係のきれいなネエちゃんだけがお茶している場所にする。汚いクルマじゃ行けなくする。ずらっとみんな並んでいるところにいいクルマをガーンと着けて、ポーターが『いらっしゃいませ！』と言う。ビルは、1階から8階までで、全部共同のキッチンで、どこの店からもめちゃくちゃうまい最高級のメシが頼める。家庭料理も食べられる」

1階のオープンカフェは、全部ガラス張りで外が丸見えで、1年中オープンな状態にする。そこにはきっと金持ちがクルマで乗りつける。

「オープンカフェって、みんなは見ていないんです。でも、見られている感じがするのがうれしい。横目でなんとなく『オレのことを見ているんだろうな』と想像しているんです」

あらゆるサービス業において、優秀な店長が不足している。

「うちが探しているのは、お金がなくて才能のあるヤツです。カネがあっても才能がなきゃダメ。全国で自分の店を持ちたいという人を大集合させて面接して、カネはないけどヤル気はあって、才能があるヤツだけをピックアップして、やりたいことをまずやらせるんです」

優秀な店長とは、店長で終わらないつもりの店長のことだ。

店長教育とは、「店長になりたい」と思わせることではなく「店長で終わりたくない」と思わせることだ。

「今はキャバクラの店長におさまっているけど、将来は自分でやってみたいと思わせる。きっと自分だけでやったらつぶされる」

水商売は社会的地位、社会的な部分が弱い。

銀行がお金を出さない。

やる気と才能のある店長にお金を出す。

「『君の言っているとおりのモノをつくるよう、こちらからデザイナーを用意して、広告代理店をつけて宣伝をする。回収は2年というふうに事業計画を出してくれ』と言う。それができなかった場合は、契約続行不可能ということで、出ていってもらう。ビルに来る人、ビルに入っている人、すべてが暗黙の了解で最高級を目指す。計算し尽くして、見られているような感じを持たせるためにも、カッコよくして来てもらう」

かつて、ディスコには服装チェックがあった。

ディズニーランドには、服装チェックがない。

ところが、それなりにおしゃれをしてくる。

「みんな混んでいることはわかっている。しかも、寒くないように、ちょっとおしゃれにフリースとかを着てくるんです。だから、あえて服装チェックも必要のないような水商売のテーマパークを1つつくりたい」

明日のためにその31

オシャレして行けるサービスをつくろう。

眠ってしまうのが、最高のサービス。

近い将来、いわゆる「飲食業」はなくなってしまう。

これからの飲食業は、エンターテインメントビジネスだ。

そう考えないと、飲食業はいつまでたっても生まれ変わることはできない。

アメリカでは、すでに飲食業はエンターテインメントビジネス化している。

ショーをやっている映画俳優が、ギャラが入ると、全部レストランビジネスに投資する。

お客様の側も、そういう意識が定着している。

レストランのオーナーは、プレステージも高い。

水商売も、エンターテインメントビジネスへと意識を変えないといけない。

今、ホストクラブのような商売が持っているノウハウで、今のレストラン業界が持っていないのは、「1時間いくら」という感覚だ。

これからは料金は「1時間いくら」の時代になる。

楽しくなかったら帰る。

その代わり、そこで何を食べ、どんなに高い酒を飲んでも関係なしの時代になる。

そこで、食べ物を買っているのではない。

時間を買っているのだ。

「カネを取ることを考える前に、お客様に長くいさせれば、お互い譲歩する部分はあります」

「譲歩」というのは、「少々のことは、許せる」ということなのだ。

「あの時のアイツの態度にオレは言いたいこともあったけど、長くいられた、楽しかったのだということを、自分の中で消化させ、かみ砕かせる。ヘタしたら、居眠りしちゃったでもいい」

店で寝てしまうというのは、究極のサービスだ。

「カラオケをやったりして、やかましいんですよ。酒もたいして飲んでいない。隣でワアワアやって、『グイグイーッ！　グイグイーッ！』なんて、かけ声をかけているのに、ガーガー寝てしまったというのも、それぐらい心地よかったということですから、ウチとしては全然ＯＫなんです」

酔っ払って寝ているのではない。

心地よくて、眠ってしまうのだ。

「起きた客は、『なんだよ、オレ、来てすぐ寝てたのに、なんでこんなに高いんだよ』とは絶対言わないです。『まだ寝ててもらってもいいですよ』と言うと、『そうか、でも一応帰るわ』『すみません、寝ている間にみんな盛り上がっちゃって、13万円です』と言っても、『ああ、いいよ、いいよ。また来るわ。ごめんね、今日は寝ちゃって』と言う。『きっと疲れているんですよ』なんて言うと、その人はまた来るんです。『この間は寝ちゃってゴメンね。迷惑かけちゃった』と言う」

どんなにベロベロに酔っ払っていても、心地よくないところでは、人間は寝ないのだ。

明日のために その32

女性が眠ってしまえるような安らぎを与えよう。

女性の満足度は、いた時間の長さに比例する。

つい「空間をどうするか、モノをどうするか」という議論ばかりになりやすい。

でも、結局は「時間をどうするか」のほうが大事だ。

デートと同じで、どこへ行って、何を見たかではない。

「二人でどういう時間を過ごしたか」のほうが、より大事なのだ。

「中身よりも、あそこに半日いたとか、あそこに3時間もいたということは、すごく鮮明に残ると思うんです。時間を長くとったということは、それだけ人間の頭の中の引き出しのサイズも大きいはずです」

楽しいか楽しくないかは、時間の長さでわかるのだ。

店の床は、大理石だ。

通常、クラブの床は、ジュータンが敷かれている。

「石を使ったことも、たしかに冷えることはデメリットでしたけど、においを意識した。ヤニは、全部カーペットが吸うんです。カーテンもそうです。だから、開店前にブワッと開けて空気を入れ替えるんです」

ラブホテルは、ラブホテルのにおいがする。

それは、カーペットやカーテンについたにおいが取れないからだ。

「ラブホテルには、どうもシャワーで体をよく拭かないで出てきて、そのままペタペタ歩いたようなにおいがする。水商売も、空調を入れたばかりのエアコンのくさい感じを、カーペットが吸っているんです」

女性は、特ににおいに敏感だ。

「大理石は、値段も高いし、ちょっとデメリットの部分もあるけど、においのしない石にした。グラスを落としたら、全部割れます。でも、それは気をつければいい。割れないからと言ってバンバン落とすよりは、割れるから落とさなくなるほうが、教育的にもいい。クラブの床がカーペットなのは、グラスを割れないようにするためなのだ。くだらないことかもしれないけど、それを意識しました」

お金のかけ方は、見栄えではない。
そこで「お客様にこういう時間の使い方をしてほしい」という意味のあることだ。
好き嫌いだけで決めているわけはない。

明日のためにその33

もう少し長くいてもらえるサービスをしよう。

人気投票は、指名した人にするとは限らない。

お客様は、全部のウエイターを見て、感じのいい人をチェックする。

「同じ焼き鳥を焼いていても、『あなたのその肉、1本ちょうだい』って、絶対言いたくなるんです。女性は特にそうです」

零士さんは、天ぷらが好きで、よく新宿の天ぷら屋さんに行く。

常連でない人は、2階へ上がる。

常連の零士さんは、1階のカウンター席に座る。

揚げているところが見えるからだ。

空いていなければ、並んでも、カウンターに座る。

揚げている人は、一人ではない。

「僕は『この人よりは、あっちの人の揚げるモノのほうが、しっかりしていいな』と思った時は、『席を替わって、向こうに行ってもいい？』と言うんです。そういうのって微妙にあるじゃないですか。男はそういうことはあまり言えないけど、女性は『私、あの人の揚げているのが食べたいから、あっちに行っていい？』と絶対はっきり言います」

明日のためにその34

お客様に、人気投票をしてもらおう。

カッコいいおニイちゃんのトークつき焼き鳥は絶対うまい。

別荘を持っている人は、たいてい「友達とバーベキューをやりたい、それが一番楽しい」と言う。

零士さんの趣味は、アウトドアだ。

1つは、ルアー。

九州でも、全国あちこちに行く。

もう1つは、同級生を集めたバーベキュー。

零士さんは、ねじり鉢巻で、同級生の女房、子供に霜降り牛のカルビとかを持っていってあげる。

「実家は静岡なんですけど、田舎では売っていないですからね、田舎者はめちゃくちゃ喜ぶわけです。焼いたモノをあげる時に、『奥さんから食べて。こんないい肉、食べたことないでしょう。よくかまないと下痢しちゃうよ』と言う。子供もみんな魚とか、自分で焼きたがるんです。汚く焦がしちゃっても、男はそういうのが好きで、女の前で焼いてみせたりする」

現在の家は、永代橋の近く。

一昨日の夜、自分でフェラーリに乗って、家の近所、月島のもんじゃ焼き屋街をグルグル5周ぐらいした。

夜10時ぐらいにお客が入っている店は絶対うまいはずだと思ったからだ。

「おかめ」の前に、人が並んでいた。

零士さんもそこへ行くつもりだった。

「ここは本当にうまいんだな」と思った。

見ていると、結構男が焼いていた。

男が、こうであるでと言うのを、女は喜んで聞いている。

「女性に自分で焼かせるよりも、カッコいいおニイちゃんがリーダーシップを取るほうが絶対いいですね。いきなりカップルになるために、そこに来るかもしれない」

零士さんは、最初のデートは絶対お好み焼き屋へ行く。うまく焼いて、技を見せておく。

「僕は、そこに行く時は、最後に必ず焼きそばを頼むんです。焼きそばで、おへらの使い方を披露する」

零士さんは、高校を中退してからはテキヤをやっていた。焼きそば屋をやった。

「『へらは斜めにして使わないと、そばが切れちゃうぞ。ほら、アイツのを見てみろよ。オレはプロだから』と、やって見せて食べさせると、『おいしい』となります。女同士で来た時に、そこにカッコいいニイちゃんがいて、その中の一人が、これはこうで、ああでと、冗談を言いながら、『ベニハナ』みたいに、わざと串をポーンとやって、キュッと取るパフォーマンスでもやったら、さらに流行るでしょうね」

明日のためにその35

トークのないモノに、トークをつけてみよう。

男子禁制の部分に足を踏み入れられる男性は強い。

旅館でも、今までの仲居さんの仕事を、男衆さんがやるところが、女のコに大ヒットしている。

お膳立ても全部、男衆さんがやってくれる。

しかも、作務衣を着た男衆さんは、結構ジャニーズ系でカッコいい。

それがなぜ今までなかったのかというぐらいで、女性にすごく新鮮だ。

「男の人が布団を敷いてくれたり、部屋に入ってくるというのは、男子禁制の部分に入る暗黙のパスを持っているわけです。そこでまた一歩近づいている。きっとその人は、自分のヴィトンのカバンが開いていても、中をいじったりしないだろうという安心感みたいなモノがある。その人に『下にカラオケもあります。僕たちそこでウエイターもしているんですよ』と言われたら、きっと来ちゃいますよ」

部屋で朝ごはんを食べる仕組みのところでは、朝ほど無防備のところはない。浴衣を背負ってカメのようになっているところに、平気でスッと入ってきて作業されたら、ドキドキすることだろう。

「する前までは、お互いにフリチン、素っ裸では歩けなかった男女が、エッチをしてからは、前を通っても平気ですね。その空気の何歩か手前ですね。ボサ髪で、顔はパンパンにはれてるような、絶対許さない空間に、唯一平気で入ってくるわけです。だから、絶対に流行る」

外国のスイートは、バトラーがついていて、朝ごはんもルームサービスで全部やってくれる。

女性はバスローブでも平気だ。

たとえ、女性が裸でも、サービスする側は平気でやっている。

まさにエマニエル夫人の世界だが、そういう女性の楽しみ方もある。

日本の男は、アメリカに比べて料理を自分でしない。

逆に、男が料理すると、ギャップ観が大きくなって、セクシー度を上げる効果は絶大になる。

ヤボったく見える男が急にピアノを弾くと、むちゃくちゃカッコいいのと同じだ。

明日のためにその36

男子禁制のサービスをしよう。

たわいない会話ができなければ、役者になっても成功しない。

トークのないまま終わっているサービス業はたくさんある。

「なぜここでトークを入れないのだろう」と疑問に思うことも多い。

テーブルの横で料理をつくってくれる店では、クレープシュゼットをつくってくれた人が、会話に入っちゃいけないと思って黙ってやっていた。

会話の練習のつもりで会話するほうが、お客様も喜ぶのだ。

サービス業についていない男もトークがヘタだ。

話そうというと、つい説教になってしまう。

「女性に聞きたくないと思わせちゃうんですね」

ある店で、2対2で代理店系とモデル崩れのカップルがいたが、何か意見を言いたくなるくらい男同士で話していた。

途中で女のコに、会話を振りもしない。

女のコはつまらない会話を聞いているだけだった。

男は、女性に向かって話し、女のコがしゃべっていたら、男は聞いてあげるものだ。

聞きながら盛り上げるのが、2対2でも1対1でもパターンでなければいけない。

彼らは平均的な日本の男だった。

「会話のなさは、日本の今までの食文化にも結びつくんですよ」

食事中は話してはいけないという教育で育った。

「日本では、食事の時に、お母さんが黙って支度して、洗って、片づける。でも、欧米では、子供がいる前で『お母さんを愛しているよ』と言う。そういう中で育っているから、食事の時も女性に会話を振りながらというのがたぶんできるんです。アプローチもうまい。でも、日本人は、ちゃぶ台をオヤジがひっくり返して『バカヤローッ！』というのが残っているから、真面目なことを話す場みたいになっちゃうところがある」

たわいない会話ができないのだ。

会話というと、まじめな話しかできないのも、つらい。

食事の席で女のコにバンバンしゃべる男性は、取り分けもできる。

男同士でしゃべってばかりいる男性は、取り分けもしない。

「感想も聞かないですね」

女性の飲み物がなくなっても、オーダーもしてあげない。

自分のオーダーを女性にさせる。

そういうことが自然にできるかできないかで、売れるタレントと売れないタレントの差がつく。

モデル事務所のホームパーティーに行くと、僕はいつも洗いモノと取り分けばかりやっている。

見ていると、将来売れるなと思うコは、自分だけではなく、何人かまわりの人のことも、しゃべりながら自然に気配りしている。

業界を問わず、センスがあるコは、絶対売れる。

「プレイヤーズクラブ」は、そういう意味で、センスを磨くためのスター養成所なのだ。

スターになりたかったら、演技をトレーニングする以上に、サービス業でセンスを磨いたほうが、スターになれるのだ。

明日のためにその37

たわいない会話をしよう。

センスは、サービス業で磨かれる。

零士さんは、女性の口説き方の本を書いた。

「本では、初級までは覚えることができます。中級から先はセンスが必要になってくるんです。でも、中間までのことができないと、先に進めないんです」

それは、サービスにおいても同じだ。

してはいけないこと、しなければいけないこと、してもいいことの3段階がある。

してもいいことはバラバラだ。

サービスには、してはいけないこと、しなければいけないことはベースとして押さえておかなければならない。

最低限の入門のところは、学校でも家でも教わらない。

「海外で育ったことで、マナーのようなモノを、ちょっとでもいいから知っている人に話すのは、すごく楽なんです。だけど、完全に中高一貫で上がってきた一流大学の人って、相当大変でしょうね。イメージができないんです」

イメージができるかどうかは、大切だ。

僕は、両親が水商売をやっていたのがベースになっている。

僕は両親と同じことをやっているだけで、自分で編み出したことは何もない。

料理も、店の取材をしながら食べている。

零士さんも、実家がレストランをやっていた。

子供のころから、お客さんのことを気にしながら帰ってくる。

夕方6～7時ならお客さんが当然いるから、裏から入ろうかな、どこから入ろうかなと、子供ながら、何げに考えた。

生活の中に、常にお客様の目があった。

だから、イメージができる。

「イメージができない人は、どうやって女性にアプローチしていいかわからない。自己紹介もままならないんです」

明日のためにその38

演技力を磨こう。

トークができないと、モテない。

サラリーマンは、自己紹介もできない。
名刺を出して、「オレの会社は、当然わかっているだろう」ということから始める。
だから、外国人とは話ができない。
外国人モデルには、肩書、ブランドはまったく通用しない。
外国人だからというわけではない。
どの女のコもそうだ。
誰も話を聞いてくれないし、話を振っても切られてしまう。
大阪では、トークができて、笑わせられないと、モテない。
僕は、そこで鍛えられた部分がある。

零士さんは、妹さんの結婚式で、マイクを渡されてこう言った。

「おかたい挨拶は、この後のジジイたちに任せて」と大爆笑させた。

「僕は『妹に彼を紹介された時に、彼は中身が素晴らしい男だと思った』と言いました」

2秒後、笑いが起こった。

「二人で東京に来たので、『ざくろ』という高級なしゃぶしゃぶ屋で肉を食べました。真ん中に肉を入れるんじゃないかとハラハラしながら見ていました。母にすぐに電話を入れて、なんて素晴らしい男だ。青木にもらってもらえるなら、兄として胸を張って誰にでも言えるし、喜ばしい。『青木はなんていいヤツだ』と何度も叫んだら、最後に母親が、名前は青山だと言った」

笑いをとった後、零士さんは妹夫婦にこんなメッセージを送った。

「いろいろな人が来ているけど、ほかの人は関係ない。お互いのこだわりを尊重した、わかりやすい夫婦になれ。兄のオレからは、一言、こだわりは血よりも濃い。以上です」

拍手が起こった。

明日のためにその39

お客様に、モテるようになろう。

自分に与えられた時間に責任を持って、楽しませる。

「日本人は、プレゼンテーションが下手です。アメリカの人は、『あなたの時間を3分間あげます』と言えば、とんでもないことをやります。『スターウォーズ』とか『ロッキー』のテーマをかけて、いきなり脱いでロッキーの格好をして、一言一言しゃべってインパクトを与える」

スカンジナビア航空を大成功させた会長は、女装して出てくる。

「そういう人って、アメリカでは普通ウケるじゃないですか。それは私の時間で、私が責任をとる時間だと言うんです」

日本では逆に、「これはオレの時間だから、好きにやっていいだろう、みんなそれにつき合え」という姿勢で、つまらない説教を始める。

自分が責任を持たされて、みんなを盛り上げさせないといけない役を担わされているという意識はない。

「日本人は堅くなり過ぎて、自分だけが楽しいことを大衆の面前でやってしまう」

楽しませるのではなく、感心させようとしてしまう。

「ちょっとしたエピソードをまじえて、1分間のスピーチをして下さいと言っても、全然できないんです。1対1で女性に自己紹介をまじえながらしゃべって、最初にバランスをとりながら入っていくというのが、大阪の人の得意技なんです。スピーチで楽しませることができない人は、1対1では絶対できないですね」

遊び慣れている人は、お金を払っているからと、ふんぞり返ることはしない。

お客様がうまくエンターテインメントする側になって、どっちがお店の人かわからない状態になる。

ダメになっているホテルの経営者は、みんな女のコと話せない。

伸びているところは、50代でも女のコとすごくしゃべる。

年齢は関係ない。

僕はいつも社長に「研修のために援交したらどうですか」と言う。

社長ということがわからないコにしゃべってみることだ。
コギャルとしゃべることほど経営者にとって厳しい修行はない。

明日のためにその40

与えられた時間を責任もって、楽しませよう。

ホストは、有効な経歴になる。

「ディズニーランドで働いていました」というのは、就職の時にもいいキャリアになる。

同じように、「ホストクラブで働いていました」というのも、キャリアとして有効になる。

女好きでナンパしていても、ただの女好きではない。

零士さんは探求心があって、なぜ失敗したかを一生懸命考える。

「これがいけないのだから、今度こうしてみよう」と試行錯誤を常にしている。

学んだことは、どこに行っても応用ができる。

明日のために
その41

ホストで働いてみよう。

バイにモテる人は、成功する。

「自分はバイセクシュアルだというのを前に出して、シャレの立つヤツが毒抜きをするのもありですね」

遊び慣れているお客様は、おかまバーへ行く。

レストランやバーでも、流行っているところにはバイのウエイターがいる。

「ちょっと中性的な部分を出せる人ですね」

バイにもいろいろなレベルがあって、はっきり見えているタイプと、意外にそのタイプかもという雰囲気のあるタイプとがある。

「ちょっとマッチョ系で、どう見てもノンケ（ストレート）なんだけど、実はノンケじゃなかったというのも、人材としてはいい」

海外のエアラインには、バイのスチュワードは少なくない。

この人たちは、結構いいサービスをする。

女のコは、スチュワードにサービスされたほうが喜ぶ。

バイの友達がいることが、プレスティージになる。

オシャレ感があって、文化度が高い感じがする。

ピーコさんにファッションチェックでボロくそに言われたいという女のコは多い。

「テレビ番組で、ピーコさんと一緒になったんです。やっぱりあの人は魅力あるなと思った。ツボを心得ていますね。この人でないと言えないということがあるんですね。この間、連れていった女をボロクソに言われちゃった。もうヘコむ手前。でも、連れていった男がフォローを入れるところまで相手は計算してるんですね。それが技なんです」

ただ闇雲にけなしているのではない。

かなり上級レベルの技だ。

明日のためにその42

バイの人に、モテるようになろう。

「男らしさ」と、「ガサツ」は違う。

男も、相手の欠点まで平気でズバズバ言えれば、言ったほうと、言われたほうの関係はもっと深くなる。

「巨人のようにお金があって、なんでもかんでも人気のある選手を持ってくるのは、長嶋監督だから許されるのであって、野村さんがやったら大ブーイングです」

店長を選ぶのは、難しい。

かといって、すべての店の店長を自分がするわけにはいかない。

中性的な人は、リーダーにも向いていると言う。

タレントでもビジネスでも、成功する人は、バイの人にモテるタイプが多い。

バイの人は、このコはいい、ダメというのをよく見ている。

明日のためにその43

デリケートになろう。

バイに嫌われるタイプは、何をやってもダメだ。

バイにモテるのは、女性にモテるよりも、もっと難しい。

「男らしさとガサツは違う。バイの人が好むところは、本当はもっと深いのです。人間のガサツな部分はイヤがる。男らしいのはいいんですよ。不器用もＯＫです。でも、デリカシーがないのはダメ」

「あっち」と言ったら「あっち」を向ける人が成功する。

モテない男は距離感の持ち方がヘタだ。

零士さんでも、ナンパに失敗することもある。

ただ零士さんが違うところは、失敗を恐れないことだ。

「たまにはハズれることがあります。勉強になればいいし、データが1つとれるのだから、失敗することをおそれてはいけない。キメてかかれ」

口説こうとチャレンジすることが大事なのだ。

「まあ、いいや」となると、成長しない。

「男が女を、オスがメスを追う時の直観的なモノを磨かない限りは、ムリなんです」

プレイヤーズクラブの面接では、何を見るのだろうか。

「しゃべりですね」

それ以上のことは何もしない。

素直な男が、伸びると言う。

「僕が『あっち』と言ったら、あっちに行く。『こっち』と言ったらこっちに行く。素直に来てほしい。ほかは別に見ないでいい」

簡単なようだが、これができる人は少ない。

「あっち」と言うと「何でですか?」と言ったり、わざと逆を向いたりする人がいる。恐る恐る見る人もいる。

そういう人は、伸びない。

これは、どんな世界でも共通だ。

いろいろなことを考えてしまうとダメになる。

素直にできないのは、自意識過剰でもあり、自信のなさ、コンプレックスでもある。

「技術的なことは今はまだできなくても、後々、できるようになるだろうというのは、瞬間的にわかるんです。そのコが途中で開眼してくれて、目からウロコを落としてくれれば、いいんです」

明日のために その44

「あっち」と言われたら「あっち」を向こう。

デリケートな人が、成功する。

サービス業だけでなく、何事にも共通の成功法則がある。

もちろんナンパにも通じる。

零士さんは、かなりデリケートだ。

僕もそうだが、自分の中に半分ぐらい女が入っている。

「僕は半分は女が好きで、半分は嫌いです。自分が好きなんです」

僕は、半分レズの意識で女のコが好きだ。

「きれいなモノと一緒に、きれいなモノをいただきたいという感じですね」

自分の中にかなり女性的な部分があるので、男性的な女性も好きだ。

「中谷さん、今度遊びに行きましょう。俗に言うオヤジ連中の遊びじゃなくて、どこかしゃべれるところに行きましょう。ウォッチングをしても面白い。あれはどう思う？　というのをやるんです。どこかにウォッチングを兼ねてお茶しに行く。僕と中谷さんの中で、とんでもない将来的なエキスがあるんです。あとはオフレコにして下さい。マネするヤツがたくさん出てくるから」

オフレコにしなくても、わからない人はわからない。

サービスは、特許は取れないが、なかなかマネできることではない。

ホストクラブのマニュアルをマネしようと思っても、みんなできない。

零士さんのサービスマニュアルを教えても、誰も上回ることはできない。

「自称すごくオシャレなおニイちゃん、おネエちゃんが集まっている一番行列ができているようなカフェを調べて、一番目立たなくて、一番いろいろな人が見られるところでずっと見て、あそこをこう変えたらもっといいんじゃないかとかトークしたいですね」

明日のためにその45

マネのできないことをしよう。

誤解が多い世界に、チャンスがある。

ホストクラブに来るお客様は、女性だけではない。
女性連れで、男性が来ることもある。
部下の接待に、上司が連れてくることもある。
同業者も来る。
女性1人で来るのは、ヘビーユーザーだ。
ビギナーは、2〜3人で、勢いで来る。
僕は、ホストクラブに持っている先入観をひっくり返したい。
でも、私自身は、本当は違うのではないかと確信している。
ホストクラブに対する誤解も多い。

「ホストクラブに対するイメージがよくないですね。聞いただけで引いてしまう。だから、普通の女性は行けない。でも、女性心理の中には、一度は行ってみたいというのもある」

どこか謎めいたところは必要だ。

「本当は違う」と、働いている人たちの側がいくら言っても、わからない。外の人間が、言わないといけない。

ちゃんとしたサービス論、青春論として取り上げ、プレスティージを上げたい。クラブ王の「オンリーワンになろう」は、青春物語だ。

銀座のクラブをもっと違うイメージでとらえていた女のコが、あの本を読んで「クラブで働いてみたくなった」と言った。

この本を読んで、ホストクラブで働いてみたくなったり、あるいは「ホストクラブで働く人生もあったかもしれない」と思ったり「ホストの友達がいてほしい」と思ってもらえればいい。

明日のためにその46

今の仕事を堂々と言えるように誇りを持とう。

ホストは、究極の女性専用ビジネスマン。

僕が20歳に、タイムスリップしたとする。

そこで零士さんに会って、「ホストクラブに来ないか」と誘われたら、僕はこの道に、はたして進んでいただろうか。

社会勉強もしたい。

モテ方も学びたい。

でも、世の中がホストクラブに対して抱いている誤解がある。

実際との距離感は大きい。

「とんでもなく大きいですよ」

TVも、誤解の部分を助長する描き方をする。

でも、本当はそうではない。

田舎から出てきて日銭がほしいために、ホストの世界に入った人もいれば、別のアルバイトをする人もいる。

「水商売も、いくつか分かれるんです。そのうちのホストというのは、究極の女性専用サービス人なのです。『ホスト』という言葉が、いろいろな映像などでヘンなところが助長されて、ふくらみ過ぎちゃった。やっている側からしたら、それはとんでもないことで、そんなに甘いモノじゃない」

いつか、「知ってるつもり」に出る人がホストから出てきてほしい。

「出て、実はこんなに大変なんだと、言ってほしいですね」

明日のためにその47

究極の女性専用サービスを考えよう。

テレビで紹介されたホストだけが、本物ではない。

ホストは、なぜそんなに歪曲されたイメージになってしまったのだろうか。

「メディアでのホストは、世間に対して、ちょっとヘンな意地を張らざるを得ないようなシチュエーションをつくられちゃうんです。ディレクターにビビッているADが、後で絶対怒られないように、編集しやすいように、保険で絵を描いて思い切り空気を吹き込むんです」

つまり、誇張した描写を加えてしまうのだ。

「大昔、大先輩が、自分で買った30万円の時計を『客にもらった300万円の時計だ』と言った。そこからすべては始まったのです」

その先輩も、ある種のサービス精神があって、テレビに期待されているホスト像に応えていこうとした。

「もし、その先輩が、面白いことをしたら、ホストは面白い存在になっていたでしょう。それが、全国に知れ渡って、有閑マダム的なオバチャンの社交場となった。そこでダンスを踊ったり、優雅な気分に浸れるようになった。それ以降、ホストは、とんでもないとんがったエリの高いシャツを着て、人の首が切れちゃうんじゃないかというようなカフスボタンをしているようになりました。そこからどこでどう流れていったのか、ホスト＝ゴージャス、金ピカ・シャンデリア・鏡・大理石の4点セットがないといけないとなって、必ずダイヤを散りばめた時計や宝飾品を身にまとった。『全身で1000万円だ』と言わないと、メディアの前に出られないような1つのパターンができたのです」

メディアは、ホストをキワモノとしてつくり上げた。

それがホストの実体ではないのに、そうだと思い込んだホストがいた。

ホストが、メディアのホストをマネし始めたのだ。

「入ってくるヤツは、それをモデルに、オレはそうなるために来たと言う。本当はそうじゃない。ただ単に、お酒を出して、サービスをするだけです。飲みに行ったことのある人は、男性と女性の逆バージョンでやれば、お客様は簡単に喜ぶとわかる。それが、皆さんが思い描いているホストと、今に至るまでの原型の部分です。入ってきたほうは、『入った以上は、オレは女に時計を買ってもらうんだ。クルマを買ってもらうんだ』と言う。どこからそうなったんだと聞くと、『テレビで言ってた』と言う」

ホストを描くテレビ番組で、一本50万円のルイ13世を頭からかぶるホストの姿が描かれていた。

それを見ると、視聴者は、「やっぱりホストは怖い」と考える。

ホスト志望者は、「頑張って、ルイ13世をかぶれるようになりたい」と考える。

そういう昔からのホスト像を、打ち破ったのが、零士さんだった。

零士さんは、冷静だった。

零士さんは、ずっとおかしい、おかしいと思っていた。

そんなことよりももっと素晴らしいヤツはいっぱいいる。

場の空気が読めて、どこにも角が立たないようにできる天才的なヤツがいるのに、なぜそれをやらないのだろうと思っていた。

30歳近くになって、「ナンバーワンホストはこうあるべき」という空気を吹っ飛ばした。因習のない世界へ飛び出した。

明日のために その48

マスコミの情報をうのみにしない。

女性の生理的な壁を乗り越える。

男性が女性にサービスするのと、女性がサービスするのとでは、根本的に違うことがある。

「女性には、『生理的な』モノがある。『私は生理的に……』と言われた瞬間に、どんなにいい男も、引かざるをえないモノがあるのです。女性はここが難しい。フッと吹かれた瞬間に、今まで積み上げてきたモノが全部チャラになる瞬間があるんです。自分がどんなに完璧なよろいをまとっていようが、『生理的に』と言われた瞬間に崩れてしまうのです」

男性は、生理的に嫌いというモノが、女性に比べて圧倒的に少ない。

「女のコのサービス業が浸透したのは、男には生理的なモノが少ししかないからです。男のハートに火をつけるのは、女のコさえその気になれば簡単です」

男性は、パンツを見せられれば、多少の好き嫌いの壁は乗り越えることができる。

「ところが、女性というのは、ウッチャンナンチャンのイライラ棒みたいなモノです。ゴールに至るまでにたくさんの面倒な作業があって、くぐりぬけてきても、一瞬でも触れたらパーン！　となるのです」

生理的なモノに触れないように、うまくかいくぐっていく。

「焼きそばでいうと、へらでそばを切らないように炒め上げないといけないのです。そこに近づいていくには、右に左に上に下にとかいくぐって、そっとその人に合う火のつけ方をしないと、絶対ムリなのです」

明日のためにその49

女性の生理的な壁を乗り越えよう。

ホストの世界は、体育会系だ。

ホストクラブは、体育会系だ。

一見、ナンパなようだが、組織的には、かなり硬派だ。

「軍隊式で、ちょっとヤクザチックな部分がある。それは日本人の男に特有なモノがあるのです」

ホストクラブは、ほかの国にはなくて、日本特有のモノだ。

「欧米各国はレディーファーストの国です。日本は、女は3歩下がって歩くという世界。それが今は、2歩になり、1歩になり、半歩になり、スレスレか、ちょい下がりぐらいになった」

レディファーストではないからこそ、ホストクラブが成立した。

レストランで、女のコに取り分けをしている男性はいない。

女性に取り分けさせているどころか、ワインまで注がせている。

入ればモテモテで、すぐにロレックスをもらえると思っていたら、壁にぶつかる。

イメージとの、ギャップは大きい。

「自分の中でも、たぶん拒絶すると思うのです。『ジョーダンじゃねぇ、このバカ女！　ザケたこと言いやがって。客の立場でいるから、オレも黙って聞いてるけど、オレの目が離れているとか、オレの顔が好きじゃないとか言いやがって』などと言います。バサッとやられるからでしょうね」

切れてしまう新人もいる。

「女だったら、『何言ってんだ、このブス！』なんて多少言われても、平気で色を使う。パンツをチラッとやれば、一発で男性客を落とせるのです。サービスを徹底的にするには、そり上がったモノをぶっ叩いて、平たくしないといけないのです。肉で言ったら、柔らかくして、食べれる肉にしないといけない」

ホストクラブでは、教育は店ではされない。

すべて、先輩が、タテ社会の中でしごく。

「店側ではなく、縦社会の中でやらせないと、とてもじゃないけど、サービスなどできないのです。それで、ホストクラブというのは派閥制になってしまったのです」

それくらい、女性向けサービスは難しいということなのだ。

明日のためにその50

体育会系のいいところを学ぼう。

仕事は、店からではなく、派閥から教えられる。

零士さんが、ホストの世界に入った15年前は、面接したら、誰でもすぐ雇ってくれた。電話番からスタートだった。

電話番にいいコが入ると「オレのところに入らないか」と、ナンバーワンの派閥が勧誘に来た。

そうすると、もう電話番をしなくてよかった。

派閥に入ったら、その中で仕事を教えていく。

おしぼりを持ってきたら、こう渡すとか、水割りはこうつくるとか、乾杯する時はお客様より下にするとか、片膝までつかなくていいということまで、全部教えられる。

必ず、派閥から誘われるわけではない。

誰からも声がかからないと、ずっと電話番のままだ。

声のかからない男のコは、自然と淘汰される。

電話番が採用試験のようなモノだった。

店には、派閥が必ずあった。

それがここ10年の間に、気の合う者同士で、派閥をつくらない一個師団のお店がいくつもいくつもできた。

ホストクラブは、昔は、大きなところしかなかった。

零士さんが入った時は、1店舗に100人ぐらいいた。

7～8人から15人ぐらいの派閥の中で、うちはこういうやり方だというのを教わった。

今は、30人前後の「中箱」が主流だ。

「派閥があると、サービスをさせた場合に、偏るのです。お客様が、入らなくなるのです」

明日のためにその51

派閥も大切にしよう。

のし上がる人は、ライバルを見つけるのがうまい。

派閥制度は、徒弟制度のようなモノだ。

その中でのし上がっていく人がいる。

「のし上がる人は、いいライバルを見つけるのがうまいのです」

キャリアターゲットをつくる。

「伸びるヤツは、師匠の悪いところは絶対にマネをしません。師匠と、ちょっと仲のいい人のいいところをパクる。この人のいいところと、その人のいいところをパクッていけば、自分がいつかその人と同じフィールドに立った時に、勝てるのです」

お客様のフィールドでは、一応先輩、後輩がある。

「あえて先輩を立てながら、自分を見せる角度を知っているヤツが伸びるのです。ところが『この場にいたら関係ねえんだ』と言って、先輩がいいカンジでトークしているのに、『ちょっとゴメンね』と、先輩後輩を無視して割り込んでいけば、当然足を引っ張られます」

明日のためにその52

いいライバルを見つけよう。

女性と同じくらい男性に気をつかう人が成功する。

女性を喜ばせる技も大事だが、それ以上に、男同士の気の配り方も大事だ。

「そういうモノは50％はありますね。その中でビッグチャンスを狙う。人間関係の中をうまくやりながら、そこからチャンスをもらうヤツもいます。まわりから足を引っ張られないで、自分の浮力だけで上っていけるヤツもいる。そういう人はたいてい両方うまくできます」

お客様へのサービスと、先輩へのサービスの両方できなければ、のし上がれない。

サラリーマンの社会と同じだ。

これが、組織の中でのし上がっていく原則なのだ。

のし上がっていくと、当然やっかみがあり、引っ張られる。

「天敵から自分の身を守るために、その先輩に寄生するのです。隠れみのにする。それで、自分に力がついてきた時には、ボーンと行くのです」

力のない間は、目立たないようにする。

先輩は、邪魔なのではない。

力のない間の隠れみのになるのだ。

実力社会では、新陳代謝が激しい。

うまいぐあいに実力を蓄えていると、上がいなくなる瞬間がある。

「チャンスが来るのは、365分の1の、ある日、ある時ですね」

ヤクザの親分が突然撃たれて死んだという瞬間だ。

「その瞬間、『きたっ！　今だ！』というのは、自分でわかるのです。そういう時代が変わる時というのは、息を殺しますね。気配を殺す」

気配をさせ過ぎると、一緒に殺されてしまうのだ。

明日のためにその53

女性と同じくらい、男性に気をつかおう。

自分の賞味期限に目をそむけると、成長しない。

サラリーマンの世界にも多かれ少なかれあることが、ホストの世界では、凝縮した形で、短期間で起こる。

「早めで、しかもわかりやすい。リアルです」

サラリーマンの将来設計は、遠い先の話だ。

22歳で会社に入ると、課長になるのは35歳だ。

課長になると、管理職になる。

でも、残業手当がなくなるだけで、どうということはない。

むしろ年収は下がる。

ホストは将来設計は立てられない。

「この商売は、オーナーが、自分が一番いい時だけを見せて、後ろを振り返らせないところがすごく強いのです。将来のことを考えると自分の魅力、放っているオーラが失せてしまうような感覚になっちゃう。口に出して言うと、まわりにも『おまえ、急に何言ってるの?』となって、言いづらい雰囲気が、ホスト業界の中にはあるんです」

ホストの世界には、常に今しか存在しないのだ。

ところが、ホストは商品である。

賞味期限がある。

「賞味期限が切れかかってくると、そのことを自らが忘れよう、目をそむけようとするのです」

男性は、あまり賞味期限という意識をもたない。

賞味期限という意識をもつのは、女性だ。

女性は「自分はいつまでも若くない」と、自分の商品価値を、ある程度シビアに認識している。

男性でそれが認識できるのは、スポーツ選手ぐらいだ。

「僕も含めて、彼らは夢を売る商売です。夢を見させて、自分も夢を追いかけているのに、なぜおまえは現実的なことを言っているのだと言われかねない」

将来設計というのは、地に足のついた発想だ。

現実的になることだ。

「甘い汁ばかり追い求めて、将来的なことを考えてもいないヤツが、適当なことを言うわけです。それで自分を落ち着かせているのです」

将来設計を考えないと、不安になる。

不安を、甘い考えで埋めようとするのだ。

「オレは将来大社長になる」とか「オレは将来、とりあえずフェラーリ2台持って、ベンツ2台」と零士さんの先輩が言った。

「なんだ、そりゃ」と思って、何をやるのか零士さんが聞いた。

聞いても、出てこなかった。

一番多かったのは「スター（ナンバーワン）になったら、不動産か金融だな」と、誰でもできるようなことを言った。

「『家業を継ぐ』と言える人は、勇気のある人で、すごくまともな人です」

言ってしまえばいいんだけど、隠さなければいけないような風潮があった。

言った時点で商品価値が下がってしまう幻想があった。

「将来的に何をやればいいのか、みんなが本当に考える時は、商品の価値がなくなった時、賞味期限が切れかかった時なのです。でも、その時には、何をやっていいかわかりっこない。勉強していないし、蓄積もない。カネもない。カネがないから、この仕事をやっている」

明日のためにその54

自分の賞味期限を意識しよう。

モテる人は、熱い心とクールな頭を持っている。

ホストで、売れっコになると給料はいい。

貯金を残す人も中にはいる。

それでも、貯金が生かせない。

「ホストで1億円を残せたとしましょう。でも、昼間、有効利用して10年かかって1億円を残したヤツには食いつぶされちゃうのです。勝てっこない」

零士さんは、ホストの仕事以外は絶対やらないと言っていた。

「革命を起こしてやる」と言った。

まわりのヤツには、「夢も希望もないことを言ってればいいよ」と言われた。

一生ホストの世界で生きるということが「夢も希望もない」ととられるのだ。

「夢も希望もない」という表現が、いかに主観的な言葉かがわかる。

どちらが「夢も希望もない」か、逆転するのだ。

「オレは青年実業家になって、おまえのところに飲みに来てやる。その時、おまえはオレに社長！って言うんだよ」と仲間は、零士さんに言った。

彼らは、青年実業家がなんたるかも知らなかった。

零士さんは、この仕事しかしないと言っていた。

零士さんは、クールに現実を見つめていた。

「金融屋だって、ヤクザだって、何の仕事だって、10年のブランクを埋めるには、10年かかります。その中に入って、また闘うことになる。それは僕はイヤだ。そんなことはムリです。そんなことをしていたら、あっという間に40歳になって戦線離脱か、おまえは要らないと言われるだけです」

だから、僕は絶対にホスト道をきわめて、そこに君臨して、オレはキングになると言い放った。

転職願望だけの強いサラリーマンが成功しないのは、このことがわかっていないからだ。

明日のためにその55

熱い心とクールな頭を持とう。

2回ナンバーワンになれる人が、強い。

地方では、ホストは、早く入って、早く上がる。

「上がる」とは、引退するという意味だ。

18〜19歳で入って、23〜24歳で上がる。25歳で終わり。

その年齢で、オーナーにならないといけない。

東京は、20歳で入って、モノになるのが21〜22歳、ピークを迎えるのが26〜27歳。

28〜29歳でいいカンジになってきて、店を出すか上がるかになる。

30歳を過ぎると、商品価値が薄れてくる。

オーナーになって、そのままその世界で生きる道もある。

「それが1番のステータスであり、1番の目標です」

20歳ぐらいで入って、28歳でオーナーになりたいと考えるわけではない。

「ナンバーワンになるヤツは、25歳まではそんなことは考えません。僕も考えていなかった」

オーナーになるよりは、ナンバーワンがよかった。

「まず25歳までにナンバーワンにならないといけない。25歳までにナンバーワンになったヤツはエリートなのです。東京は、25歳を過ぎてくると、大人が会話をしてくれるのです。22～23歳では、大人からは『鼻をたらした小僧だ』ぐらいに思われて、金魚鉢や箱庭の中でおままごとをしているのです」

25歳を過ぎると、金魚鉢から外に出られる。

いろいろな出会いがあって、いろいろなことを覚えて、大人になっていく。

そこでダメになるヤツもいる。

子役でいうと、大人の芸能人としてはダメになるのがいるのと同じで、一度はナンバーワンになっても、「今ではねぇ……」というのもいる。

ホストのエリートの成功パターンはこうだ。

20歳で入って、きちんと下積みをして、まわりからも押されて、23～24歳でいい意味でナンバーワンになり、大人のナンバーワンになって、名前も知られて、顧客も持つようになる。

いずれは彼もお店を出すだろうと誰もが認める形になって、27~28歳で独立する。小さな店から始めて、うまくいけば大きくなっていく。

今は、このパターンも難しくなったと言う。

「今は25歳の途中で、次の若いのに4番バッターの座を渡して、7番、8番で打っていくか、そのままダメになって廃業するかしかありません。25歳で廃業すれば、まだほかの道があるのです」

25歳で、この道で生きていくかどうかを決断しなければならない。

ピアノの道で生きていくかどうかを、6歳で決断しなければならないのと同じだ。

今の日本の普通の25歳は、幼い。

大学でモタモタしていれば、すぐに25歳だ。

25歳までホストをやって、まあ面白かったと言ってやめるヤツもいた。

零士さんのライバルたちにもいた。

「25歳で引退して、別の業種に戻るヤツは、ちゃんとしています。なまじっか28~

30歳になってまだやっているヤツは、半分は歌舞伎町の中にいます。半分はどこで何をやっているかはわかりません。でも、はっきり言えますが、ロクなモノにはなっていないです」

25歳が、社会復帰できるかどうかのギリギリなのだ。

「だから、まだなんとかなるのです。25歳までに1回ナンバーワンをやったというのは、業界の中では1つの勲章で、エリートなのです」

25歳を過ぎて、もう一度、ピークがある。

「25歳を過ぎて大人になった時に、もう1回ナンバーワンになれたら、『じゃあ、彼はオーナーになれるね』と言われる。もしなっていなければ、『きっと壁に当たるだろうな』となるのです」

大学生でモラトリアムをやっている男のコたちに比べれば、かなり鍛えられている。

ホストは、お店に出てモテモテかと思えば、そうではない。

出鼻をくじかれたり、徒弟制度で鍛えられたりしているのだ。

明日のためにその56

2回以上ナンバーワンになろう。

風俗嬢は、純情だ。

風俗の女のコたちは、店の中でお客様に対してものすごく強い。
精神的な安定感があり、サービスをしながらも、お客様に対しては、主導権を持つ。
でも、一歩店の外に出すとすごく弱い。
自分のエリア内では強いが、外の風に当たっていないので、いい意味で猛烈に純情だ。
女子中学生がそのまま社会人になったようなところがある。
20代半ばでも、言っていることが女子中学生の恋愛感覚であることが多い。
合コンばかりやっている世間のＯＬのほうが、よほど世間ズレしている。
そういう純情なところが、ホストにもある。

「早い時間に来るＯＬや素人さんを、１時間１５００円で飲ませたら、簡単だと思っているヤツは、とんでもないのです」

ＯＬは、遊び方を知らない。

「遊び方を知らない女性が、遊ばせ方を知らない男性のところに来たらどうなるか。フナやコイがいる古い池に、ブラックバスを放すのと同じで、エサの食べ方を知りません。遊び方を知らない素人が来ると、生態系がめちゃくちゃになってしまうのです。でも、風俗嬢は遊び方を知っている。いい意味で許容範囲の狭い遊びしかできない純情な人がいるので、風俗嬢が来たほうが生態系は壊れないのです。男から見て『デリカシーなさすぎるよ』と感じる部分は、遊び方を知らない女性にあるのです」

ホストクラブに来る女のお客様は、世間一般のイメージどおり、やはり有閑マダムと風俗嬢が多い。

「ソープ嬢は、１カ月３００万円稼いだとすると、１００万は自分のため、１００万は生活費、１００万は自分の飲み代です。仕事はといえば、とんでもない仕事です。それが終わった時に、とんでもなくかわいくなっちゃう。『今日は○○君がヒマだって言うから、行くの！』と、急に気合いを入れて化粧をするのです」
風俗嬢は、ストレスのかかる仕事だ。
そうすることで、精神的なバランスを取っている。

明日のためにその57

サービスマンに、サービスしよう。

勉強していない人の、1からの勉強はきつい。

吉原に流れ込んでいる300万円のうち100万円が歌舞伎町に流れ込むと、次にそのお金はどこに行くのだろう。

ホストは、カジノで使ってしまう。

カジノの社長が、吉原に行って風俗嬢に使う。

風俗嬢が、ホストクラブに来て使う。

小さな三角形の中で、同じお金がぐるぐる回っているだけだ。

「銀座のクラブも、わけのわからない会社の名刺じゃ行きづらいからと、吉原に行くのでしょう。女のコを連れ出して、お金をボーンと払ってやって、貸し切りにして、メシを食いに行って、エッチする。そういう感じでお金が流れるのです」

風俗嬢のその日の売上げがホストに入る。

ホストの金銭感覚はどこで磨かれるのだろう。

日銭がドーンと入っていたら、金銭感覚が学べなくなる。

そこで、学ぶべきを学んでおかないと、25～27歳となった、その後がキツくなる。

「それを考えさせないのです。25歳になって、世間一般に大人とみなされ、見栄も張る。そのうちだんだん需要がなくなってきて、賞味期限が迫ってくる。そして、ある日突然困るのです」

金銭感覚を磨いておけば、困った時に苦労しない。

勉強していない人の、1からの勉強はきつい。

「だから、失礼な言い方で申しわけないけど、ロクなモノにならないんです」

額に汗して稼ぐこと、100円を稼ぐことがいかに大変かがわからなくなる。

明日のためにその58

いざという前に、勉強を始めておこう。

賢者も、元は戦士だった。戦士から、賢者になる。

零士さんは、入ったお金で、自分の身にまとうモノに投資をした。

それ以外のお金はお客を呼ぶために使い、店の売上げにした。

「中には、裏ホストといって、店にはお金を入れないで、女からカネだけ引っ張るヤツがいるのです」

零士さんの現役時代、ダースベイダーのように、フォース（理力）を暗黒面で使うヤツがいた。

「僕は誘惑に負けずに自分の正義を守るというルーク・スカイウォーカーになるのだというイメージを描いていた。誘惑に駆られても、表で勝負して、裏からお金を引っ張るのは絶対やめようと思っていた。でも、誘惑に負けて裏ホストになるヤツも、半分いますね」

どんな仕事でも、半分はダースベイダーになる。

セラピスト、カウンセラーでも、ダースベイダーが半分いる。

お客様が自分の言うことを信じるのを逆手にとって、面白がって遊ぶという強制わいせつよりすごい状態だ。

でも、どこかで理性が必要だ。

「自分で言うのもヘンだけど、どこかで理性が働いていた」

零士さんが、26歳くらいの時に、「なんのためにそうやっているの？　あんた、なんだかんだ稼いでいるわりには、カネは残っていないでしょう」と言われた。

零士さんは、入ったお金で銀座に飲みに行った。

遊ぶためではなかった。

顧客を獲得するためだった。

お金をバーッと使って、また店に来させる。

見栄ではなかった。

店に呼んで売上げを上げることで、あくまでもトップとしての表側の張りをキープした。
「そうでないと、戦士から賢者になれないのです」
零士さんは、戦士から賢者になろうとしていた。
いつまでも戦士のままでいてはいけなかった。
戦士に待っている運命は、戦死でしかなかった。
賢者は、最初から賢者なのではない。
賢者も、最初は戦士なのだ。
「スターウォーズ」の賢者を見ればわかる。

明日のためにその59

戦士から、賢者になろう。

一見死に金に見えるモノが、生き金になる。

ホストは、お金をコツコツためていてもいけない。

「カネは、大海に出た時には全然頑丈ではない、こんなモノはクソの役にも立たないと思っていた」

これも1つの金銭感覚だ。

店1軒やるには、2000万～3000万円あれば、よかった。

それ以上は、必要なかった。

それよりは「表の張り」が必要だった。

「賞味期限を延ばす。それには、投資しかないのです」

銀座のクラブに行って、大金を使っているからといって、遊んでいるわけではない。

それは、自腹を切った営業活動なのだ。

ある意味で「今」という時間を買って、新陳代謝のスピードを速くする。

「その感覚がわかっていたのは、唯一僕だけですね」

同じお金を使っていても、その意識がなくて、ただ遊びに使っていると、きっと死に金になる。

その人が、ポリシーがあってお金を使っているのか、ただ遊んでいるのかは、はたから見ると区別がつきにくい。

「生きるカネというのは、第三者には死に金に見えるのでしょうね。生きたカネに見えるモノは、すごく薄っぺらなんです」

第三者には、これは見返りを求めた動きだということがわかってはいけない。

「死に金に見えるモノの中にも、自分が温めてきたモノがあるんです」

明日のために その60

生き金を使おう。

「500万円のロレックス」と言うより「3万円のロラックス」と自慢したほうが、カッコいい。

零士さんは、自分の価値を冷静に見つめていた。

自分の価値とは何か。

ホストに限らず、自分の価値を冷静に見つめることが大事だ。

「オレは場の空気を瞬間的に読んで、いろいろな角度で人に入り込んでいく以外に何もない。これで始めた以上は、これで行くしかないのです」

新陳代謝を速めて、限界が来た時に、零士さんは考えた。

「零士、ここにあり」とするためには、どうしたらいいいか。

自分の努力やシチュエーションに合った自分の天性を知らしめるためには、どうしたらいいか。

その答えが、メディアに出ることだった。

それまでメディアはずっと蹴っていた。

紋切り型のホストの取材に、うんざりしていた。

見る人が見たら「そんなモノ、100万円で売っているよ」というようなロレックスの時計を「ロレックス500万円ですかぁ！」と大げさに驚いてみせる番組ばかりだった。

零士さんは、そういうのは飽き飽きしていた。

それよりは自分で「これはロラックス」と言って笑いをとった。

テレビに出ることとは、自分のキャラでどのくらい勝負できるかという自分自身のテストだった。

TVは、お客様が求めている絵を出さなければならない。

ホストも本当はちゃんとしているというのでは、視聴率が取れる番組にならない。

明日のためにその61

自慢より、笑いを取ろう。

冷めた目で自分を見られないと、ポジショニングができない。

「本当は違うのではないか」というモノがないと、物事の本質は見られない。

ところが、先入観のまま描いていることがあまりにも多い。

しかもホストの世界では、うわべだけの取材を信じて働いている人も多い。

ホストが評価を受けるには、「この仕事はバカではできない」と思わせることだ。

ただ、一人の天才性でやるのではない。

天才がなおかつ努力しながらやっているところをどう描くかが大事なのだ。

山際淳司さんは、江夏の21球をとことん分析した。

それによって、江夏さんは、ただ天才なだけではなく、冷静に頭を使う人だったということがわかり「野球は奥深いのだ」と世間に再認識させた。

「シチュエーションを肌で感じながら、向こう側に見ている人が、どう見るかということまでも瞬間的に考えながらやるのです」

一流のホストは、二人のお客様を同時に満足させることができる。

「たとえば、こちらに花を持った女性がいたとします。でも、恋人らしき男性が一緒に来ている。この両方からいただいてしまおうと思ったら、女性向けのトークをしながら、恋人も心地よくなるようなことを気にする。そういう計算をして、瞬間的に2つのことをリアルタイムで並行させる。この人は、頭がいい」

「ロレックス500万」と言ってウケても、天然ボケのキワモノ扱いで、メディアでは消耗されるだけだ。

お笑いは、計算されているので、消耗されない。

1つの名人芸として、登りつめ、きわめていくことができる。

「その場で瞬間的に角が立たずに、それでいながらキレのいいツッコミがありますね。特に関東風のキレのよさ。関東に生きていて、それがピッとできるヤツは、きっと得をする。笑われることは、損ではないのです。得なことができるヤツは、ホストという人気商売の中で、ものすごい武器なのです。これを使えるヤツと使えないヤツ、できないヤツとでは雲泥の差が出ちゃう」

成功するには、ポジショニングが大事だ。

「成功する人は、やっぱり常にいいところにいるんです。ポジショニングがうまい。難しい客が来ても、ピュッといいポジションを取っちゃうのです」

ポジショニングは、お客様によって変わる。

「『私はあんたのイロ（恋人）じゃないのよ』とお客様に言われると『そうですよね』と、時には中性的に近づいたりするんです。こちらの男気をあえて殺して、その部分をほかに譲っておいて、自分がいいところだけを取っていく。常に第三者的な見方をするのです」

「第三者的視点」がなければ、ポジショニングできない。

「自分でもう1つのカメラを引いて見られるヤツじゃないとダメなのです。サッカーでいったら、フィールドの中では、自分のテクニックをすごく駆使している」

司令塔の中田選手の位置だ。

「国立競技場で、屋根のあるほうで、引いて撮っているんです。あの絵がここにないとダメなのです。接客の場というのは、フィールドなのです。こんなに素晴らしいモノを出せなくて、代わりに、つい『オレの乗っているクルマはね』とか『オレの住んでいるところはね』と、先輩はみんな単刀直入に言っちゃって失敗したのです」

明日のためにその62

クールに自分のポジションを考えよう。

今の業界で学んでおかないと、転職しても成功しない。

これまで、ホスト業界に革命を興そうとする人はいなかった。変えるのではなく、旧体制のままで、トップになることだけを目指していた。トップになった後は、何も保証されていなかった。

将来設計を持たなかったので、ホスト業界には、ノウハウが蓄積しなかった。

通常の業界なら、つぶれてしまう。

それでもつぶれなかったのは、ホストもお客様もそれぞれが入れ替わっているからだ。

「ホストは、たいてい途中で挫折して、半分が淘汰されて、散っているので、それを変える必要性もたぶんないのです。次から次から新しいのが入ってきて、途中まで来て、みんな落ちていっちゃう。先に行って疑問を持つ空間まで行かないのです」

トップになったモノだけが、疑問を持つことができる。

疑問が生まれるということは、成長なのだ。

「トップになると、今度は不安になるのです。初めて気づいて、その不安を取り除こうとする。不安を隠そうとして、だんだん凍え死ぬのです」

普通は誰かが不安を持ったら、これではいけないと、革命を興す。

そのノウハウを蓄積して、後から来る人間がそれを学ぶ。

そうしてどんどんイノベーションが起こる。

ところが、いいカッコをして我慢するので、次から次へと我慢してしまう。

こうして、この業界は前近代のまま残ってしまう。

ホストの世界は、ピラミッド社会だ。

「ぐるぐる上がっていっては下に落ちるという繰り返しなんです。これらを全部わかっていて、自分の将来的なことを実際に考えているヤツと、オレはナンバーワンにはなれないぞと考えるヤツと半分に分かれるのです。問題は、ナンバーワンになれない人たちです」

ナンバーワンを諦めた人は、ナンバーワンになれないまま、他の業界へ転職していく。

「この人たちは、自信満々でほかの世界に行くのですけれども、結局また最初からやらないといけない。途中から入っても、ほかの世界では、底辺に近いのです」

ナンバー2、ナンバー3のプライドがかえってマイナスに働く。

伸びてナンバーワンになる人は決まっている。

明日のためにその63

今の業界でしか学べないことを、学んでおこう。

努力できることが、才能だ。

ナンバーワンになる人は、どこが違うのだろうか。

「女性にモテることもすごく大事。金銭感覚はマヒしていいのです。差が出るのは、きっと人の振り分け、人の仕切り、人に対してのステップの使い方、フットワークの使い方です。それができるヤツしか上に行けないのです」

モテるノウハウや金銭感覚より、人間関係の上手な人が、のし上がれるのだ。

それは、学習できるモノだろうか。

「最初からできるヤツと途中からできるヤツがいるのです。けれども、途中からできるヤツほど不自然なのです。『なんだよ、急に変わりやがって』となる」

それは、努力より天性だ。

明日のためにその64

努力できるのも才能だと考えよう。

「努力も天性です。人間関係力は努力しにくい場所なのです。努力できるというのは、一つの天性なのです。『努力できるから、立派じゃん』ということになる」

努力できるということが、才能なのだ。

「その努力は、天性でできてしまうヤツのほうが、悲壮感が漂わない。マメも努力です。でも、それも天性なのです」

20歳〜25歳までは、勝手にのし上がっていけるわけではないので、日々の蓄積が必要になる。

男性よりも、女性のほうが、冷静だ。

天性と努力は、同一の考え方なのだ。

「われわれの先駆者や先輩たちをずっとひっくるめて『ホスト』といった場合に、たぶん天性でマメ、天性でタフ、天性でいい意味の神経質であり、女性の生理的なモノをかいくぐれる」

女性は酔っているようで、どこか必ず冷めている。

ロマンティックでありながら、現実を同時に備えている。

「この業界の行け行けドンドンを、女性はどこかで否定しているんです。『どこか違うんじゃないの？』という、女側に立てる部分を、僕は普通の人より多く持っていたのです。わりとリアルで、意外と現実的です」

零士さんの冷めた現実主義は、学習したモノではない。
ホスト業界に入った時から、すでに備えていた。
実は、幻想に酔わされているのは、ホストクラブに通う女性たちだけではない。
女性たち以上に、ホスト自身も、あえて幻想に酔っているのだ。
零士さんは、そんな中で、片方の脳が、冷静に冷めていた。
女性は自分の置かれている状況も、冷めて客観的に見ている。
「女っぽくバランスを変える時がきっとあるのでしょうね」
そんなところが、零士さんが女性にウケる理由でもある。

明日のためにその65

女性は冷静に見ていると意識しよう。

ナンバーワンになった翌日から、世界が変わる。

零士さんは、20歳でホストの世界に入った。

23歳で、トップになった。

当時のナンバーワンは30歳前後だった。

ホストは有閑マダムに支持されるという名残がある中で、零士さんは若手だった。

ママさんたちの連れてきた、一番下っ端の女のコたち用に「お子チャマ入りました」という感じでかわいがられていた。

ナンバーワンの人が、即戦力として使っていた人が、零士さんの上に5人いた。

零士さんは、チョコチョコ動いていたので、次期トップの人たちみんなにかわいがってもらっていた。

3年やって、23歳になった頃、ある程度一人前になった。

ナンバーワンはもう35歳だった。

もう引退だとなったら、次の世代の5人のうち誰かがナンバーワンになる。

その時、芸能界では、ジャニーズの少年隊が出てきた。

ソース顔のコテコテから、しょうゆ顔がブームになった。

5人の次期候補は、みんなソース顔だった。

ホストというのは、ソース顔というのが常識だった。

零士さんは、しょうゆ顔だった。

5人抜きをして、若造がトップになった。

零士さん、23歳の誕生日だった。

新しい感覚のナンバーワンの誕生だった。

零士さんには、敵がいなかった。

誰も抑える力がなかった。

どのテーブルにも対応でき、男性のお客様にもウケて、上手に遊ばせることができた。知名度も高かった。

「一番、ナンバーワンぽくない僕が天下を取っちゃったのです」

面白いのは、ナンバーワンになった翌日だった。

トップになった次の日から、歌舞伎町全部がコロッと変わった。

それまで、6時に終わると、遅くまでやっている店の社長がいた。

「よう零士、忙しいか！」なんて声をかけてくれる程度だった。

同じ人が「いやぁ、零士君！」という感じで、握手をしてきた。

本人はキョトンとしていた。

「ああ、どうも」と言うと「いやいや、何を言っているの。ナンバーワンらしいじゃない」と言われた。

他のお店に行って「おい、零士、自分でつくれよ」と言われていた対応が、ナンバーワンになると、がらりと変わった。

「それはもう痛快というかなんと言うか、めちゃくちゃうれしかったですね」

そういうことを人生で経験できる人はごくわずかだ。

ナンバーワンになることで、おかしくなる人もいる。

「10人のうち8人くらいおかしくなりますね」

明日のためにその66

ナンバーワンになっても、冷静でいよう。

見るからにホストでは、ナンバーワンになれない。

ナンバーワンになってから、ある種の理性を保って、おかしくならないようにするのは難しい。

「僕の場合は、敵がいなかったから、全部にいい顔をせざるをえないのです。角を立たせてはいけない。『彼は若くて、いいコだ』と言われる。顔は好き好きだけど、人間性がいいということを売り物にした以上は、絶対角を立たせられなかった」

顔を売り物にしているのだったら、好き好きだからと開き直れた。

人間性を売り物にしていたら、努力しなければならなかった。

だから、零士さんは、人の2倍動いた。

人の2倍お金を使った。

幸いなことに、勘違いしているひまがなかった。

27歳まで、日本全国のホストから「零士はすごい」と言われるようになった。

「すごくなくても『すごい』になっちゃうんです。悪く言うヤツがいないし、足を引っ張るヤツもいない」

本人はマイペースでやっていた。

ほとんどの人は自分の状況にのめり込む。

うまくいかない人は、失敗にのめり込んでますます抜け出せなくなる。

成功した人は、成功にのめり込んで、引きずり下ろされる。

そこでおかしくならないのは、おそらくどこかで引いているからだ。

「やり過ぎると角が立つので、どこかで怖がっているのですね」

零士さんは、ほかのナンバーワンとは全然違うようにやってきた。

ミスター・ホストではなかった。

自分の中では、ミスター・ホストではないから、別にオレはムリに将来何になるということをデカイ声で言わなくてもいいという意識もあった。

いい選手で30歳を迎えた。

そんな時、テレビ番組から出演の誘いがあった。

「オレがバカをやって丸くおさまるのだったらいいよ」と答えた。

ナンバーワンの中で、唯一「いいよ」と言えるスタンスでいた。

それまでは「冗談じゃねぇや。オレをなんだと思ってんだよ。オレはナンバーワンだぞ」という流れだった。

それがステップアップした。

「そう思ったヤツがそれまで一人もいなかったのでしょうね」

これからも出にくくなった。

やると「それはおまえ、零士じゃないか」と言われてしまう。

零士さんがナンバーワンになった時に、ある人が「彼は10年に一人の男だよ」と言った。10年たって、いろいろな番組に出るようになって、テレビ上の零士さんのキャラが生まれた。

自分のフィールドとは違う自分を出して、違う1票を得られるヤツは10年に一人だという意味だった。

「10年たってもほかにいないのだから、たぶんアイツは20年に一人のヤツなんだ」

と言われた。

さらにある業界の大御所が言った。

「おまえ、何いってんだ。アイツは30年に一人だよ。20年たって、アイツが同じことをやったら、もう要らないと言われるんだよ」

この業界の歴史は30年だった。

だから、もう出ない。

老舗のホストクラブは、テレビ出演の依頼を全部蹴った。

「出られるわけがありません。あれに出たら終わりなのです」

局の意図、持っていこうとしている方向が見えていた。

ちゃんとしたヤクザは、銀行員のようだ。

ヤクザには絶対見えない。

ホストがホストに見えているというのは、ヤクザが派手なシャツを着ているのと同じだ。

彫り物をしているのは、近代的なヤクザではない。

「でっかいネックレスをして、ブレスをじゃらじゃらしているミスター・ホスト」

とは違うというところを、目指していた。
テレビに出るまで、ホストと見られたことがなかった。

明日のためにその67

「見るからに、その職業」でないようにしよう。

男性に人気がなければ、ナンバーワンホストになれない。

零士さんは、男性のお客様も多い。

ホストクラブは、男性のお客様が来てもいいということは、意外に知られていない。

男性のお客様は銀座のクラブのホステスを連れてくる。

モテるためにである。

一見、モテるために女性をホストクラブに連れてくるというのは、矛盾しているように感じる。

だが、モテるために女性を連れてくるというのは、有効なのだ。

「お互いの毒消しになっているのです。一度味わってしまうと、零士に任せておけばいいやになる」

「社長、ダメですよ。モテるからって、そんな甘いことやっちゃあ」と、零士さんは盛り上げる。

本当はあまりモテなくても、言ったりする。

「また、やっちゃったかな、オレ」

「やっちゃってますよ。オレとの約束破って。これはまずいっすね」

「零士、お詫びにシャンパン！」

「わかりました、しょうがない。今回だけですよ」と、時にはある程度叱ってやれるような立場になる。

「その人が持っているコンプレックスをあえてこちらが指摘するか、こちらがやってしまうんです」

普通だったら生理的なモノが生じる難しい女に、零士さんはチクリチクリと牽制する。「そういうヤツ、いるんですよねぇ。でも、そういうヤツでも、いいところ、あるんですよ」と指摘する。

そして、こうつけ加える。

「僕が『そういうヤツ』なんです」

そういう攻撃だ。

また、男性に連れてこられる女性は、大義名分が立つから、来られる。

その女性を、結局、零士さんは仕止める。

「ミスター・ホストには絶対ならないぞ」という感じで仕事をしながら、「私はミスター・ホストなんか大嫌い」という女性を落とす。

それも直球では勝負しない。

「とんでもない魔球を壁のどこかに当てて、クッションを使って間接フリーキックで仕止めるのです」

明日のためにその68

お客様以外の人気を得よう。

カッコよく決めながら、ローカルなところへ行く。

女性のお客様は、お店に来て、2通りの見方をする。

ホストとして相手を見る時と、ホストではない一個人の男性としてと、両方の夢を持って見ている。

「真正面で見た時に、横にスペースが生まれるのです」

他のホストが「メシを食いに行こうぜ」とカッコよく言った時に、零士さんは、あえて横から「もんじゃ、食いに行こう。何もしなくていい。オレが全部やるから」と、全然違う感じで一発カクンと落とす。

そういうヘンな魔球を使う。

ホストと男の2種類とも見せる。

零士さんは、あえて難しいお客様に向かう。

まるで修行僧のようだ。

「あえて難しいところに行かないと、競争相手と同じことをやっていたら、オリジナリティーが出せないんです」

「あの店で、誰を指名しているの？」と聞いて、その女性が「零士さん」と言うと、そのホストはまず手を引く。

「あいつには、かなわない。あいつが狙っている女性は、手ごわい」と思うのだ。

ホストは、さぞかし歯の浮くような口説き文句をいうに違いないと想像するかもしれない。

それでは、口説けない。

零士さんは、ホストという見方や価値観を普通のところに1回ボンと下げるやり方をする。

「上げることはみんな上げる。オカマって、褒めちぎられている、とんでもないいい女をボコンと落とします。オレもたぶんとんでもないローカルなことから入る」

カッコはバリバリにカネをかけていながら、話すことはとんでもないローカルなことを話す。

「おおっ、気分が乗ってきたよ」と言いながら、自分の服をわざと濡らしたりして、相手をびっくりさせる。

何かをこぼして、自分で拭いたりする。

「何？　この人のやることは？」と思わせる。

普通だったら「うわーっ！　ベルサーチだぞ！　高ぇんだぞ、これ！」と言うところを、「ああ、いいんだよ、こんなの。どうでもいいんだ」と言って脱ぐ。

その時に、ちらりと「ベルサーチ」と見えるようにする。

「ちょ、ちょっと、すごいスーツ」

「いいんだってば。オレもちょっと気分がよくなってきたからさ、燃えてきたよ！ちょっと暑いから暖房切ってくれよ」と言いながら、西田敏行や渥美清ぐらいまで、ババババッとローカルに落として、においを消す。

「そこまで落とせば、そこからやることは『全部、ステキ』になっちゃうんです」

まわりゃ二番煎じで来るホストみんな「もっとステキ！」から入らないといけなくなる。そうすると、その女性は拒絶反応を示す。

「そういうやり方をしています。その時はわかりませんでしたけど、今分析すると、そうなのです」

スポーツは、わかりやすいすごさと、わかりにくいすごさがある。

わかりやすいすごさは、誰が見ても今のシュートはすごいというモノだ。

玄人は、素人が見てわかりにくくても、「今のパスはすごかった」と言う。

零士さんの技は、素人が気づきにくい技なのだ。

明日のためにその69

カッコよさとローカルさを持とう。

道場破りは、ひたすらおだてる。

ホストの世界には、道場破りがある。

全国から、いろいろなナンバーワンホストが、零士さんの現役の時に来た。

夜2時とか3時に来る。

零士さんは、夜4時ごろ店に出る。

途中「今日、気合いの入ったのが来てますよ。シルバーフォックスの毛皮を羽織って来てます」と零士さんに店から電話が入る。

「アハハ、それは気合いが入っているな。どこのナンバーワンだ」

「福岡からだそうです」

「福岡は春一番が吹いているのに、今どきシルバーフォックスのコートはないだろう」

ジャラジャラの取り巻きを連れている。

先に下のヤツが、聞く。

「零士さんに会ったこと、ありますか」

「いいや、ないけど、オレの先輩が、すごいヤツだから、1回会ったほうがいいというので来たんだけど、なんか緊張するね」

肩が凝るんじゃないかというぐらいガチガチに緊張している。

テレビで零士さんを見たことがあるとか、雑誌で見たことがあるというホストは、零士さんについてこう言う。

「申しわけないけど、あの人がどうしてすごいのかわからない」

今までにないタイプだから、評価しにくいのだ。

レジの男の子が「間もなく零士、来ますから」と言うと「ああ、いいよ。待つ、待つ」と言いながら「あの人はいったいどんな人なの。何がすごいの」と聞いてくる。

「話すときっとわかります」と言う。

そこへ、零士さんがヘロヘロッと来て、道場破りをおだてる。

誰もが、拍子抜けする。

忙しい時などはどさくさに紛れて、グラスを持って座ると、「おい、零士は、まだかよ」と言われる。
「はい、すいません。僕なんですけど」と言うと「すいません、零士さんでしたか」と驚いて座りなおす。

明日のために その70

ライバルは、おだてよう。

自慢を聞いてあげることで、勝てる。

零士さんは、道場破りのキャラを見抜く。

「だいたいこの人の得意な球と苦手な球が読めるんです」

まず向こうの持っている球を引き出すために、零士さんはどんどんしゃべる。

「そうですかぁ。じゃあ、僕なんかアレじゃないですか」と、下手で話す。

相手は必ず上で話す。

「僕が上に言うと、その人はつぶれて帰っていきます」

「そうなんですかぁ」と言っておいて、今度は全然違うことを言う。

「東京は、こうで、こうで、こうなんですよ」とサラッと言うと、向こうはギクッときて、なぜオレの苦手なところを知っているのかとドキリとする。

「何かの時は、ぜひ相談させてくださいよ。すばらしいじゃないですか」と持ち上げる。すばらしいことが1つしかなくても、その1つで延々としゃべってあげる。

次に来る時は、「零士さんのこういうところに感動したので、教えてもらえませんか」となる。

その時に「ああ、いいよ」と言って「おまえはここがダメだよ」とガツンとやる。

世の中のホストたちは、後になってボディーブローに効いてくる。

「オレなんかをバカにしないで相手にしてくれた」と言う。

そういうホストが全国にいる。

昔はお互いにバチバチだった。

「ところで、何に乗ってるの？」

「僕、ベンツの560」

「あ、ホント。オレさぁ、フェラーリ。それで、どういう所に住んでるの？……へえ、そうなんだ。オレは○○」とやっていた。

零士さんは、違った。

「あっ、そうなんですかぁ」と言って、零士さん自身は何も自慢しない。

ただ、こう言う。

「東京ではこういう難しい人が来るんですよ。僕はそういう人にしか好かれないんですよ。あなたみたいなステキな人に好かれるようになりたいから、今度ぜひこっちに来た時は一緒に食事でもしましょうよ。また教えて下さいね」

それは「おまえはわかりやすいヤツだ」ということを言っているのだ。

そう言って帰すと、相手は「あの人はオレのことをなぜわかっているのだろう」と悩む。バカにしないで聞くということをやった人は、ホスト業界でいなかった。

道場破りみたいなヤツが来ても、突っぱねないで、いいコいいコ、よしよしと、逆に褒めたたえる。

「それはバリバリやったほうがいいですよ。九州はあなたのモノだもの」

「そうですかね」

「いや、絶対そうに違いない！」と言う。

そいつはまた違うところに道場破りに行く。

「オレは、零士にこう言われたんだ」と言うと、「オレも言われた」「オレも言われた」となる。

「あの人はやっぱりすごい人なんだ」ということになった。
28歳の頃だった。

明日のために その71

自慢を聞いてあげよう。

「ミスター○○」では、トップになれない。

零士さんが、30歳になって、メディアに出ていろいろなことを言うことに関しては、誰もが文句を言わなくなった。

同じ業界で足を引っ張られずにすんだ。

どこの世界でも、ミスター○○は、いる。

そして、「ミスター○○」は、実はトップではない。

トップでいるのは、短期間で、入れかえられていくものだ。

「中田君の間接フリーキックは、教えるのは簡単なのですが、実践させたり、一人の人にビジョンを描かせるというのは、そればかりやらせても5年かかります。天性のモノを持っていないとムリなんです。5年かかるということは、5年辛抱できる才能がないとムリなんです。1〜2年ではムリですね。5年以上生き残っている者で、使えるヤツは、志した者の2％です」

みんなエースストライカーを目指す。

ストライカーにパスするほうは選ばない。

中田選手は、90分の試合の中でボールに触れていたのは63秒だ。

まわりを見る回数は、前半で414回、後半412回と、テンポが常に一定だ。

この回数が一定というところが中田選手のすごさだ。

クルマや電化製品などの末端の消費財を売るのは目立つ。

でも、クルマの部品や金型は、生産財だ。

一般の消費者には知られていないが、日本は、海外に輸出している生産財が強い。

得点につながるパスをうまく打てる人が、実はシェア・ナンバーワンになれる。

「そこをわかっている、もしくは将来的にわかり得る逸材を見抜ける人もいないのです。元そうだったという人でないとわからない。みんなとりあえず球をぶつければいい、すごいシュートを打てばいいと思っている。でも、すごいシュートを打たなくても、適材適所のいい場面でいいシュート、ゴッツァン・シュートでもいい、そういうのができる器用なヤツがいいのです。ビリヤードでも、ガツンと打てばいいというモノではない。角度のないところ、薄目を狙っている時には、それなりの球の強さがある。ああいうのがわかる人がいない」

一流のビリヤード選手の打つ球は、音がしない。

明日のためにその72

「ミスター○○」で満足しないようにしよう。

オモテとウラの、両方を大事にする。

アメリカは競争社会だ。

その実力社会、競争社会で生き残るのは、強い人ではない。

弱肉強食の世界だと思い込みをされがちだが、そうではない。

そこに適した人間が生き延びる。

決して強いヤツではない。

適応力のあるヤツが、最終的には強いヤツに勝つ。

中田選手も、自分のポジションを見つけて、いかに自分に合うかを見つける「適者生存者」だ。

「適者生存社会で、もし『ホスト』という言葉をなくした場合には、『究極の女性専用サービス人』というのが、ネーミングとしては一番形容している。そう形容されたいですね」

零士さんは男性のフォローをする。

同僚もフォローしてパスを送る。

「それができるヤツでないと、フィールドの中にいられないのです」

女性は、人の生命力、適応力を、自分に対してのやり方だけで見るのではない。まわりにいる人への対応を見ている。

「仕事しているとカッコよく見えるというのと同じです」

昔、入ったばかりのころ先輩に言われた。

「零士、おまえにはウラの魅力がある。でも、オモテがあって初めてウラがある。ウラだけあっても、オモテはない。オモテがあるから、ウラもついてくる」

それがあるから、今がある。

それは強烈だった。

「この人が言うのだから、間違いないと思った」

せっかく成功しかけているのに失敗する人は、ウラのほうがラクで儲かるから、オモテよりもウラに行きやすい。
オモテは楽ではない。
手間ばかりかかって、儲からない。
でも、長期的なことを考えれば、オモテでないと続かない。

明日のためにその73

オモテとウラを、どちらも大事にしよう。

いつも動いている人が、人の目を引く。

オモテもウラも、どちらも大事なのだ。

たぶんオモテを見る人が多い。人が査定する時、一番重い部分を見る。

「僕は、わざといつも急いで店の中を歩いていたのです。そうすると、いつもあの人は忙しいと思われるのです」

佐川急便方式だ。

「オレは現役の時、どう見えた?」と同僚に聞いた。

「忙しい人だなと思ったよ」と言われた。

「オレ、ナンバーワンになる前は、どう見えた?」と聞いた。

「やたらチョコチョコ動いていたよな」と言われた。

「マーキングを普通の雄よりも頻繁にやっていたのです」

おしぼりを持っていくのも、わざと急いで持っていった。

「急ぐ必要はないんですよ。でも、人の目を引かせるようなことをやっているのです」

こぼれたモノも、普通に拭けばいいのに、「わーっ！、大変だ、大変だぁ」とやった。

かかっていないのはわかっても、「大丈夫ですかぁ」とずっとやった。

「それは、きっとまわりに見せているのです」

まわりはちゃんとそれを見ていた。

明日のためにその74

いつも動いていよう。

威張ると、矢オモテに立ってしまう。

誰もが、のし上がることを目標にする。

のし上がって、さらに生き残っていくのは、さらに大変な闘いだ。

「第2波です」

ふたご屋のママは、クラブの世界は、ひたすら防衛戦だと言った。

チャンピオンベルトを取ってからどうするかという試練だ。

「チャンピオンになるのは、意外と簡単なのです。チャンピオンが防衛している時は、苦しい。苦しいけれど、苦しいのを見せてはいけない相手と、あえて苦しいのを見せないといけない相手がいる。それから、名声をかち取っても、それはおまえらのおかげだよと、引退する時のことを踏まえて動かないと、いいジムを持てないのです。チャンピオンの時にいかに振る舞うかです」

チャンピオン後のことは、チャンピオンの間の振る舞いで決まるのだ。

「実は欲しいのですけれども、あえて実は捨てて、種だけもらおうとする。ママたちも、ママになるには、きっとモテる女になってはいけないのです。体が1つしかないし、1日24時間と決まっている。それを有効利用するには、どこかで二の次でいいやと思われるような形でないと、ウルトラCを達成できないのです。1日の3～4時間の営業時間の中で、毎日毎日ウルトラCをやってみせる。たぶん『あなたは素晴らしいホステスですか』と聞かれたら、彼女は絶対ノーと言います」

零士さんは、「あなたはカリスマホストですか」と言われると、「そんな時もあったけど、今は違う」と答える。

「そんな矢オモテに立つようなことはしてはいけないと思っています。常に半身でいないと、動けないのです。全部は受けない。そこら辺のことが、もとからわかっているのが銀座のママさんなのです」

途中から気がついてもいけない。

「もちろんタイミングはあります。途中から学んでそうなったというのは、弱いのです。メッキ的な要素がある」

零士さんから見ると、アイツはいつかボロボロになるぞというのがわかる。

「銀座のママさんも、めちゃくちゃもうマメで、タフで、そつがないことに徹底しているか、いつも2番手で、わりと前に出てこないか、この2パターンでしょうね」

明日のためにその75

威張ることで矢オモテに立たないようにしよう。

身体感覚は、師弟関係でしか伝えられない。

今、サービスは二極化している。

「わかりやすいモノ」を求めているかと思えば、どこかで「わかりにくいモノ」も求めている。

女のコは「わかりにくい」ほうへ流れる。

わかりやすい答えと、わかりにくい答えがあったら、わかりにくいほうへ向かう姿勢が常にある。

「自分の中でわかろうとするのでしょうね」

「私だけがわかる」というモノを求めているのだ。

そう言いながら、どこか安全が保障されている中での危険でないといけない。

危険の中の危険ではダメだ。

「それを広めていく場合は、できる者が継承しないといけない。ということは、師弟関係的にならないと、受け継がせることはできないですね」

文化は、師弟関係でないと受け継がれない。

絵をどう描くかという感性のモノは、師弟関係でないと伝わらない。

理性のモノは文章化で伝わる。

でも、感性のモノは、文章化できない。

職人技も文章化できない。

天ぷらの音や温度も、「手で触ってみろ、この熱さだ、わかるだろう」とやる。

職人技の1度の温度の違いも「触ってみろ」と、感覚で伝える。

「天ぷらの温度を音でわかれというのは、めちゃくちゃな形容ですね」

コーヒーショップで、女のコが「いつもより量が少ないんですけど」とクレームを言っていた。

そのコは常連だった。

持っただけで、いつもより軽いとわかる。

でも、持っただけでわかる感触は、確かにある。

つくり方がきっちり決められていても、身体感覚で違いがわかる。

「そのレベルに行くと、トラブルも回避できる。ましてや、こういう形のないサービス業にとっては、逆に女のすごく生理的なモノをかいくぐる1つの術ですね」

本来なら、渡し口のところで、「はい、○○の方」と渡したスタッフが気づかないとおかしい。

それをお客様に先に気づかれてしまった。

「そこをわかるのはたぶん女で、生理的にわかる。男は『そんなこと、どうだっていいじゃないか』というのが、どこかにあるんです。そこに目が向かない。そういう女性的な見方こそ大事なのに、自分自身イヤだ、おかしいと思って捨てちゃったり、やり直したりする。それが女の生理的な部分に、いい意味で共鳴させる1つのテクニックです。マニュアルではダメなのです」

ステーキ肉150グラムを覚えさせるのに、一瞬手の上にのせる。

目盛りで150グラムと覚えていてはダメだ。

心の問題も、数値化できない。

「僕らが売るのは、『心・技・体』なのです。心を売るように見せながら、向こうの心に入り込んでいくのです。次に、客観的に技を見せる。それに耐えている自分のタフさや努力、姿勢、精力も含めた体力を最後に見せる」

明日のためにその76

身体感覚を師匠から学ぼう。

リーダーがいなくなると、逆にパワーアップすることがある。

不思議な現象が起きた。

リーダーが、いない時に、お客様が急にお金を使い出した。

今まで来なかったお客様が来た。

零士さんは、これを逆手にとる方法はないかと考えた。

お客様は、象徴となる者がいる時といない時を使い分けている。

リーダーがいなくても、いないのに、うまいぐあいにまわっているのが一番ベストな形だ。

リーダーがいるよりも強いパワーを持つ。

新興宗教で教祖が逮捕されると、信徒の団結心は盛り上がる。

新興宗教が最も発展するのは、教祖がいなくなってからだ。
自分たちの教祖が今刑務所に入っている間に頑張ろうとなって、モラルがアップする。
すべてがそうなのではない。
ダメな組織は、リーダーがいなくなると、ダラッとして、ダメになる。
教祖をつかまえることは、新興宗教をはびこらせることになる。
そばに置いて、幻滅させるほうがいいのだ。
特に、日本人がそれを好きなのは、天皇という位置づけがあるからだ。
中心は、ドーナツのように穴があいていて、まわりが同心円上にいる。
一方アメリカは、リーダーがドンと前に出てくるやり方をする。

明日のためにその77

リーダーがいない時に、頑張ろう。

2回続けて間違わなければ、成功する。

小学生の時からホストになろうと思っていたわけではない。

「きっとみんな大勘違いをしている。井の中の蛙的な感覚で、ピッチャーをやっている自分の球は、そこそこ速いだろうと思っている。もっと上がいるのは当たり前。それは認めているのです。だけど、今持っているオレの球はそこそこ通用するのではないかという感覚でみんな入ってくるのです」

ホストになるのは、そこそこ自信があるタイプが半分だ。

だが、その自信はこなごなに砕かれる。

「壁に投げていたとしても、その壁が平たいとは限らない。でこぼこして、どこへ飛んでいくかわからないにもかかわらず、自分の持ち球、自分の投げられる力量だけでこの世界に入ってくるのです」

プロの世界は、常に、二者択一の世界である。

「常にそういう岐路に立たされた状態で進んでいく。1つ取り方を間違えても、その先で戻せる場合もある。でも、2つ違う方向を選んだら、もうアウトです。常にそのような形で、その人のホスト人生が決まっていくんです」

1度の間違いは修正できても、2度続けて間違えると、アウトになる。

「野球でいえば、ある程度のキャッチボールはできる。とんでもない高い暴投もしない。球を見る努力もするし、多少のゴロやフライも、ホワンとした内野フライだったら取れるというぐらいの感覚で来る男もいます」

モテないから入ってくる人はいないのだろうか。

「それはいないですね。絶対に自信はありますす」

たしかに「モテそうだ」というほど甘くない。「激戦」だ。

きれいな女性からお小遣いももらえて、エッチもできるとしたら、それは夢のような世界だ。

思い浮かべるのは、きっと若くて美人の有閑マダムのはずだ。

この世界に入らなかった人たちも、そう思い浮かべているので、ホストに対して、やっかみが入る。

「入らなかった人は、死ぬまで夢見ていられるんです」

明日のためにその78

2回続けて間違わないようにしよう。

成功は2つの勘違い、1つの謙虚さから生まれる。

まず、お金を持ってホストの世界に入ってくる人はいない。

お金がほしいから来る。

「自分というモノをただ単にお金に置きかえたい、自分はお金を生むのだという夢が、はたしていくらになって返ってくるかというチャレンジ精神を持って入ってくるのです。もしかしてオレがホストになって、とんでもない魔球を覚えたら、とんでもなく引っ張りだこになってしまうのではないかと思う。ただそれだけで入ってくるのです。その1つ上に行っているエリートクラスは、逆に挫折するのが早いのです。成功は2回の勘違い、1回の謙虚さから生まれるのです」

モデルになろうというコは、そこそこの自信がある。

勘違いもないといけない。

最初に謙虚さが入ってしまうと、出てこない。

ある意味で、勘違いも必要なのだ。

「2度ぐらい勘違いをして、1回謙虚な気持ちになると、誰かの目にとまるのです。3回勘違いしたヤツは、もうダメです。でも、2度謙虚になると、たぶん埋もれるのです」

まずは、勘違いでもいいから、思い込みだ。

明日のためにその79

2つの勘違いと、1つの謙虚さを持とう。

遠い太陽よりも、目の前の雲を払おう。

零士さんも、ピラミッドの底辺からスタートした。

「いずれ頂上に行くのですけど、横からつぶしていくことを考えました。だから、いいライバルにめぐり会うことです」

実は、ライバルである時間は、短いのだ。

「ライバルなのは、今日だけかもしれない。僕はもしかしたら、先輩から高い評価を受けるような動きをして、1日でライバルを倒すかもしれないのです」

ホストの世界は、下克上社会だ。

もたもたしてると、どんどん追い越される。

「『ライバルだったのは1カ月だけだったな』という感じです。勝って敗者をたたえるのは、先輩だろうが何だろうが、すごく楽です」

プロ棋士になって、C級2組からA級へと、上がっていくのと同じだ。

零士さんを面接した人が、まだいる。

零士さんは、面接で、半年でこうで、1年でこう、2年でこれくらいと自分で思い描いていたプランを言った。

すると「君はあっちの店に行きなさい」と言われた。

「違う。僕はここなんです」と言った。

制覇するとちゃんと言い切った。

「知り合い、いるの?」

「いいえ、いません。でも、僕はなるんです」と言った。

普通は「頑張ってみます」と言う。

零士さんは、「制覇する」と言い切った。

でないと、トップに行けるわけがないだろうと、自分の中で思っていた。

今では笑い話だ。

後で面接した人が、零士さんに聞いた。

「零士、あの時、オレのこと、どう思った?」

「僕はこの面接官は、バカだと思いました。なんてくだらないことを聞くのかと思った」と言った。

面接官を軽々追い抜いたのだ。

「目の前のことを処理しないと、上に行けるわけはない。半年でこうならないと、1年後にはこうならないと、僕は一生懸命言っているのです。普通の人は、『いずれは頑張ってこうなりたいです』と言うのでしょうね。僕は目先のことを言うのです」

あまり目先すぎると、具体的な行動が伴わない。

「常に、目の前のことを処理していく。すごく前向きだった。空を見ながら、高く果てしない月や果てしなく遠い太陽を見るより、身近な雲を払うほうがいいのです」

明日のために その80

遠くも見ながら、目の前の問題を、まず解決しよう。

勝った相手は、助ける。

将棋の世界では、小学生大会から、自分のライバルはこいつというのが、お互いわかっている。

小学生大会で、2歳年上のこいつ、2歳年下のこいつと、みんな覚えてしまう。

「僕らの世界にも、それはあります。同じテーブルについた時に、アイツはああいう入りをしたぞと客観的に見ている。しゃべっているのは離れているから聞こえないんだけど、口でパクパクしているところや、客の目を見ながら、『うっ、アイツ、やるじゃねえか』というのが、ありましたね」

「さげまん」のお客様もいる。

「さげまんの女に食いつくと、『ヤバイ、食いついた』というのがあるのです。あれに食いついたまま行くと、気球と同じで、いろいろ落としていくのですけれども、切るモノを間違えると、墜落してしまうのです」

すべてのお客様をフォローすることはできない。

どのお客様をキープして、どのお客様を切るかを間違えると、命取りになる。

そういう時、零士さんは助け舟を出す。

「あれをキープして、こっちを切ったということは、アイツは終わると思った時は、逆に近づきます。そいつのために動いてあげる。そうすると、そいつがダメになった時に、僕のところに来るのです」

ライバルを助けるくらいの余裕ができて、初めて勝てるのだ。

世の中の人に「仁義なき戦い」が支持されたのは、ヤクザの世界が面白おかしいからではない。

サラリーマン社会にも同じことがあるからだ。

アホなリーダーの下につくと苦労する。

世話になった人でも、倒していかないといけない時があることをサラリーマンも薄々考えていた。

明日のために その81

勝った相手を助けよう。

才能があるのに、努力する人が成功する。

成功哲学の本質は、業界が変わったから云々ということはない。

どんな世界でも、普遍的な成功哲学がある。

この業界ではこのやり方、別の業界ではこのやり方という相対的なモノではなく、もっと絶対的な、成功者が共通してやっている法則がある。

零士さんは、ホストの歴史を変えようとしている。

「後の時代に、革命をやったのは誰かとなったら、少しベールに包んで、『どうも零士らしいよ』という部分をつくっておきたいですね」

私が興味があるのは、ただ努力している人ではない。

ただの天才でもない。

才能があるのに、なおかつ努力している人なのだ。

明日のためにその82

才能を生かすために、努力しよう。

あとがき

先に成功した人の、「見えにくい努力」を見抜いた人が、成功する。

中谷彰宏

「ホストの世界」は、最も「サラリーマンの世界」に似ている。

サラリーマンの世界の厳しさも、サラリーマンの世界の夢も、ホストの世界に、存在する。

マスコミで描かれるホストは、現実ではない。

ホストの世界も、サラリーマンの世界と同じように、またはそれ以上に、甘くない。

どんな動機で、この本を手にしてもいい。

やがて、3つのことに気づくはずだ。
①どこの世界も、甘くない。

②どこの世界も、ナンバーワンは、頑張っている。
③ナンバーワンの成功法は、自分の仕事にも生かせる。
「ホスト」イコール「チャラチャラした奴」というイメージは、くつがえされたはずだ。

成功法は、ひとつではない。

ただし、これだけは言える。

どんな世界でも「チャラチャラした奴」で成功した人は、一人もいない。

成功者を見て「なんだ、あんなチャラチャラした奴が」と見えてしまう人も、やはり成功できない。

成功者は、努力したとは言わない。

誰もが口をそろえて「運がよかった」と言う。

だからと言って、勘違いしてはいけない。

運だけで成功した人も、一人もいない。

成功する人とは、先に成功した人の、見えにくい努力を見抜く人のことである。

「見えにくい努力」のかけらが見え始めた時、あなたは、成功の階段を上り始めている。

中谷彰宏の主な作品一覧

『なぜあの人には、センスがあるのか。』

【ゴマブックス】

『成功する人の一見、運に見える小さな工夫』
『夢を実現するために、今すぐできる50のこと』
『「つり橋が、落ちないように、渡ろう。」』
『「あれ、なんで泣いてたんだっけ?」』
『「一生懸命、適当に。』
『「幸運は、君が運んでくる。」』
『「いい男といると、元気になれる。』
『「直球ですが、好きです。」』
『「ノー・プロブレムです。」』
『「最近、何かムチャなコトした?」』
『「トイレで笑ってる、君が好き。』
『「人生の袋とじ」を開けよう。』
『「特別な人が、君を待っている。」』
『君は、夢の通りに歩いていける。」』

『なぜあの人は会話がつづくのか』(あさ出版)
『3分で幸せになる「小さな魔法」』(マキノ出版)
『大人になってからもう一度受けたい コミュニケーションの授業』(アクセス・パブリッシング)
『「出る杭」な君の活かしかた』(明日香出版社)
『ボウリング場が、学校だった。』【新書】(ベースボール・マガジン社)
『ハートフルセックス』【新書】(ロングセラーズ)
『目力の鍛え方』(ソーテック社)
『お掃除デトックス』(ビジネス社)
『大人の教科書』(きこ書房)
『恋愛天使』(ﾒﾃﾞｨｴｲｼｮﾝ・飛鳥新社)
『魔法使いが教えてくれる結婚する人に贈る言葉』(グラフ社)
『魔法使いが教えてくれる愛されるメール』(グラフ社)
『和田一夫さんに「元気な人生」を教えてもらう』(中経出版)
『壁に当たるのは気モチイイ　人生もエッチも』(ｻﾝｸﾁｭｱﾘ出版)
『キスに始まり、キスに終わる。』(KK ﾛﾝｸﾞｾﾗｰｽﾞ)
『カッコイイ女の条件』(総合法令出版)
『恋愛女王』(総合法令出版)
『本当の生きる力をつける本』(幻冬舎)
『あなたが変わる自分アピール術』(幻冬舎)
『遊び上手が成功する』(廣済堂文庫)
『元気な心と体で成功をよびこむ』(廣済堂文庫)
『成功する人しない人』(廣済堂文庫)
『女々しい男で　いいじゃないか』(メディアファクトリー)
『なぜあの人はタフなのか』(東洋経済新報社)
『なぜあの人は強いのか』(東洋経済新報社)
書画集『会う人みんな神さま』(DHC)
ポストカード『会う人みんな神さま』(DHC)
『自分がブランドになる』(PARCO出版)
『なぜあの人には気品があるのか』(徳間書店)
『抱擁力』(経済界)
『贅沢なキスをしよう。』(文芸社)
『SHIHOスタイル』(ソニー・マガジンズ)
『「お金と才能」がない人ほど、成功する52の方法』(リヨン社)
『「お金持ちの時間術」』(リヨン社)
『ツキを呼ぶ53の方法』(リヨン社)

〈面接の達人〉

【ダイヤモンド社】

『面接の達人　バイブル版』
『面接の達人　面接・エントリーシート問題集編』

〈小説〉

『いい女だからワルを愛する』(青春出版社)

『自分で考える人が成功する』
『大人の友達を作ろう。』
『「大人の女」のマナー』
『大学時代しなければならない50のこと』
『なぜ彼女にオーラを感じるのか』

【三笠書房・知的生きかた文庫／王様文庫】

『読むだけで気持ちが楽になる88のヒント』
『120％人に好かれる！ハッピー・ルール』
『自分に自信をつける50のヒント』
『29歳からの「一人時間」の楽しみかた』
『25歳からの「いい女」の時間割』
『僕が君に魅かれる理由』

【説話社】

『あなたにはツキがある』
『占いで運命を変えることができる』

【大和書房】

『初めての、恋のしかた』
『「17歳力」のある人が、成功する。』
『大人の男を口説く方法』
『ちょっとした工夫で、人生は変わる。』
『1週間で「新しい自分」になる』
『「大人の男」に愛される恋愛マナー』
『女性から口説く101の恋愛会話』
『男は女で修行する。』

【だいわ文庫】

『いい女練習帳』
『男は女で修行する。』

【KKベストセラーズ】

『会話の達人』
『「運命の3分」で、成功する。』
『チャンスは目の前にある』

『30歳からの男の修行』
『誰も教えてくれなかった大人のルール恋愛編』
『誰も教えてくれなかった大人のルール』
『「ほめる」「あやまる」「感謝する」ですべてうまく行く』
『オンリーワンになる勉強法』
『君を、つらぬこう。』
『「眠れない夜の数」だけ君はキレイになる』
『一流の遊び人が成功する』

【ぜんにち出版】

『ワルの作法』
『モテるオヤジの作法2』
『かわいげのある女』
『モテるオヤジの作法』

【イースト・プレス】

『「男を口説ける男」が、女にモテる。』
『安倍晴明に学ぶ33の魔術』
『だから好き、なのに愛してる。』
『気がついたら、してた。』

【ファーストプレス】

『運とチャンスは「アウェイ」にある』

【阪急コミュニケーションズ】

『いい男をつかまえる恋愛会話力』
『サクセス＆ハッピーになる50の方法』
『子供を自立させる55の方法』

【主婦の友社】

『3分でオーラが出た～紳士編～』
『3分でオーラが出た～淑女編～』
『運に愛されるトライ美人』
『「黄金の女性」になるマジック・ノート』
『ハッピーな女性の「恋愛力」』

中谷彰宏の主な作品一覧

『オンリーワンになる仕事術』（KKベストセラーズ）
『サービスの達人』（東洋経済新報社）
『復活して成功する57の方法』（三一書房）
『子どもの一生を決める46の言葉のプレゼント』（リヨン社）

〈恋愛論・人生論〉

【中谷彰宏事務所】

『リーダーの星』
『楽しい人生より、人生の楽しみ方を見つけよう。』
『運命の人は、一人の時に現れる。』
『ヒラメキを、即、行動に移そう。』
『徹底的に愛するから、一生続く。』
『断られた人が、夢を実現する。』
『「あげまん」になる36の方法』

【ダイヤモンド社】

『25歳までにしなければならない59のこと』
『大人のマナー』
『あなたが「あなた」を超えるとき』
『中谷彰宏金言集』
『「キレない力」を作る50の方法』
『お金は、後からついてくる。』
『中谷彰宏名言集』
『30代で出会わなければならない50人』
『20代で出会わなければならない50人』
『あせらず、止まらず、退かず。』
『「人間力」で、運が開ける。』
『明日がワクワクする50の方法』
『なぜあの人は10歳若く見えるのか』
『テンションを上げる45の方法』
『成功体質になる50の方法』
『運のいい人に好かれる50の方法』
『本番力を高める57の方法』
『運が開ける勉強法』
『ラスト3分に強くなる50の方法』
『できる人ほど、よく眠る』
『答えは、自分の中にある。』
『思い出した夢は、実現する。』
『習い事で生まれかわる42の方法』
『30代で差がつく50の勉強法』
『面白くなければカッコよくない』
『たった一言で生まれ変わる』
『なぜあの人は集中力があるのか』
『なぜあの人は人の心が読めるのか』
『健康になる家　病気になる家』
『泥棒がねらう家　泥棒が避ける家』
『スピード自己実現』
『スピード開運術』
『破壊から始めよう』
『失敗を楽しもう』
『20代自分らしく生きる45の方法』
『ケンカに勝つ60の方法』
『受験の達人』
『お金は使えば使うほど増える』
『自分のためにもっとお金を使おう』
『ピンチを楽しもう』
『本当の自分に出会える101の言葉』
『大人になる前にしなければならない50のこと』
『自分で思うほどダメじゃない』
『人を許すことで人は許される』
『人は短所で愛される』
『会社で教えてくれない50のこと』
『学校で教えてくれない50のこと』
『あなたは人生に愛されている』
『あなたの出会いはすべて正しい』
『大学時代しなければならない50のこと』
『大学時代出会わなければならない50人』
『昨日までの自分に別れを告げる』
『人生は成功するようにできている』
『あなたに起こることはすべて正しい』
『不器用な人ほど成功する』

【PHP研究所】

『高校時代にしておく50のこと』
『中学時代にしておく50のこと』
『お金持ちは、お札の向きがそろっている。』
『明日いいことが起こる夜の習慣』
『何もいいことがなかった日に読む本』

【PHP文庫】

『お金持ちは、お札の向きがそろっている。』
『たった3分で愛される人になる』
『右脳で行動できる人が成功する』

【ファーストプレス】

『「超一流」の会話術』
『「超一流」の分析力』
『「超一流」の構想術』
『「超一流」の整理術』
『「超一流」の時間術』
『「超一流」の行動術』
『「超一流」の勉強法』
『「超一流」の仕事術』

【PHP研究所】

『仕事の極め方』
『オヤジにならない60のビジネスマナー』【愛蔵版】
『【図解】「できる人」のスピード整理術』
『【図解】「できる人」の10倍速い仕事術』
『【図解】決定版!30代を最高に生きるヒント』
『明日は、もっとうまくいく。』
『【図解】「できる人」の時間活用ノート』
『[図説]入社3年目までに勝負がつく75の法則』

【PHP文庫】

『中谷彰宏　仕事を熱くする言葉』
『スピード整理術』
『成功する大人の頭の使い方』
『入社3年目までに勝負がつく77の法則』

【三笠書房】

『[最強版]あなたのお客さんになりたい』

【三笠書房・知的生きかた文庫/王様文庫】

『お金で苦労する人しない人』

【オータパブリケイションズ】

『せつないサービスを、胸きゅんサービスに変える』
『ホテルのとんがりマーケティング』
『レストラン王になろう2』
『改革王になろう』
『私をホテルに連れてって』
『サービス王になろう2』
『サービス刑事』
『レストラン王になろう』
『ホテル王になろう』

【ビジネス社】

『あなたを成功に導く「表情力」』
『幸せな大金持ち　不幸せな小金持ち』
『大金持ちになれる人　小金持ちで終わる人』
『右脳でオンリーワンになる50の方法』
『技術の鉄人　現場の達人』
『情報王』
『昨日と違う自分になる「学習力」』

【サンマーク文庫】

『時間塾』『企画塾』『情報塾』『交渉塾』
『人脈塾』『成功塾』『自分塾』

【ぜんにち出版】

『富裕層ビジネス　成功の秘訣』
『リーダーの条件』

『成功する人の一見、運に見える小さな工夫』(ゴマブックス)
『オンリーワンになろう』(総合法令出版)
『転職先はわたしの会社』(サンクチュアリ出版)
『なぜあの人は楽しみながら儲かるのか』(ぶんか社)
図解『右脳を使えば、すごいスピードで本が読める。』(イースト・プレス)
マンガ『ここまでは誰でもやる』(たちばな出版)
『自分リストラ術　やりたいこと再発見』(幻冬舎)
『人を動かすコトバ』(実業之日本社)
『あと「ひとこと」の英会話』(DHC)
『デジタルマナーの達人』(小学館)
『なぜあの人は楽しみながら儲かるのか』(ぶんか社文庫)
『人脈より人望のある人が成功する』(KKベストセラーズ)

中谷彰宏の主な作品一覧

〈ビジネス〉

【ダイヤモンド社】

『なぜあの人は勉強が続くのか』
『なぜあの人は仕事ができるのか』
『なぜあの人は整理がうまいのか』
『なぜあの人はいつもやる気があるのか』
『なぜあのリーダーに人はついていくのか』
『なぜあの人は人前で話すのがうまいのか』
『プラス1%の企画力』
『こんな上司に叱られたい。』
『フォローの達人』
『女性に尊敬されるリーダーが、成功する。』
『就活時代しなければならない50のこと』
『お客様を育てるサービス』
『あの人の下なら、「やる気」が出る。』
『なくてはならない人になる』
『人のために何ができるか』
『キャパのある人が、成功する。』
『時間をプレゼントする人が、成功する。』
『会議をなくせば、速くなる。』
『ターニングポイントに立つ君に』
『空気を読める人が、成功する。』
『整理力を高める50の方法』
『迷いを断ち切る50の方法』
『初対面で好かれる60の話し方』
『運が開ける接客術』
『バランス力のある人が、成功する』
『映画力のある人が、成功する。』
『逆転力を高める50の方法』
『40代でしなければならない50のこと』
『最初の3年その他大勢から抜け出す50の方法』
『ドタン場に強くなる50の方法』
『いい質問は、人を動かす。』
『アイデアが止まらなくなる50の方法』
『メンタル力で逆転する50の方法』
『君はこのままでは終わらない』
『30歳までに成功する50の方法』
『なぜあの人はお金持ちになるのか』
『成功する人の話し方』
『短くて説得力のある文章の書き方』
『超高速右脳読書法』
『なぜあの人は壁を突破できるのか』
『自分力を高めるヒント』
『なぜあの人はストレスに強いのか』
『なぜあの人は部下をイキイキさせるのか』
『なぜあの人はリーダーシップがあるのか』
『なぜあの人は落ち込まないのか』
『20代で差がつく50の勉強法』
『なぜあの人は仕事が速いのか』
『スピード問題解決』
『スピード危機管理』
『スピード決断術』
『スピード情報術』
『スピード顧客満足』
『一流の勉強術』
『スピード意識改革』
『ｱﾒﾘｶ人にはできない技術　日本人だからできる技術』
『お客様のファンになろう』
『成功するためにしなければならない80のこと』
『大人のスピード時間術』
『成功の方程式』
『なぜあの人は問題解決がうまいのか』
『しびれる仕事をしよう』
『大人のスピード思考法』
『「アホ」になれる人が成功する』
『しびれるサービス』
『ネットで勝つ』
『大人のスピード説得術』
『お客様に学ぶサービス勉強法』
『eに賭ける』
『大人のスピード仕事術』
『スピード人脈術』
『スピードサービス』
『スピード成功の方程式』
『スピードリーダーシップ』
『大人のスピード勉強法』
『今やるか一生やらないか』
『人を喜ばせるために生まれてきた』
『一日に24時間もあるじゃないか』
『もう「できません」とは言わない』
『出会いにひとつのムダもない』
『今からお会いしましょう』
『お客様がお客様を連れて来る』
『お客様にしなければならない50のこと』
『30代でしなければならない50のこと』
『20代でしなければならない50のこと』
『独立するためにしなければならない50のこと』
『なぜあの人の話に納得してしまうのか』
『なぜあの人は気がきくのか』
『なぜあの人は困った人とつきあえるのか』
『なぜあの人はお客さんに好かれるのか』
『なぜあの人はいつも元気なのか』
『なぜあの人は時間を創り出せるのか』
『なぜあの人は運が強いのか』
『なぜあの人にまた会いたくなるのか』
『なぜあの人はプレッシャーに強いのか』

❖感想など、あなたからのお手紙をお待ちしています。
僕は、本気で読みます。（中谷彰宏）

〒107-0052 東京都港区赤坂1-9-15 日本自転車会館2号館7階
総合法令出版株式会社　編集部気付　中谷彰宏 行
※食品、現金、切手などの同封は、ご遠慮ください（編集部）

❖（中谷彰宏ホームページ）http://www.an-web.com/
（モバイル）http://an-web.com/mobile/

バーコードの読み取りに対応したカメラ付き携帯電話で左側のマークを読み取ると、中谷彰宏ホームページのモバイル版にアクセスできます。右側のマークを読み取ると、中谷彰宏の著作が読める「モバイル中谷塾」にアクセスできます。
対応機種・操作方法は取り扱い説明書をご覧ください。

〈中谷彰宏 HP〉　〈モバイル中谷塾〉

中谷彰宏は、盲導犬育成事業に賛同し、この本の印税の一部を（財）日本盲導犬協会に寄付しています。

本書は、小社より刊行しました
「ホスト王に学ぶ82の成功法」を
加筆・修正のうえ、改題したものです。

◆著者紹介◆

中谷彰宏（なかたに・あきひろ）

1959年、大阪府生まれ。早稲田大学第一文学部演劇科卒業。
84年、博報堂入社。
CMプランナーとして、テレビ、ラジオCMの企画、演出をする。
91年、独立し、㈱中谷彰宏事務所を設立。
ビジネス書から、恋愛エッセイ、小説まで多岐にわたるジャンルで、
数多くのベストセラー、ロングセラーを送り出す。

零士（れいじ）

1967年、静岡県生まれ。新宿歌舞伎町クラブ「ニュー愛」のナンバーワンとして12年間君臨。98年、高級ホストクラブ「club Dios」を歌舞伎町にオープン。01年、女性に対し健全かつ明瞭なサービスの提供を実現するため、六本木に「PLAYER' S CLUB Dios」をオープンし大成功を収める。04年、これまでの功績が認められ、『Forbes』、『TIME』の中で起業家として紹介され注目を集める。現在、人と人とを結びつけ新たなるビジネスフィールドにイノベーションを創出する「パワーコネクター」として活躍中。主な著書に「ホスト王のその気にさせる心理戦術（青春出版社）」などがある。

伝説のホストに学ぶ82の成功法則
仕事と恋愛でナンバーワンになろう

2011年2月7日　初版発行

著　者　中谷彰宏
発行者　野村直克
発行所　総合法令出版株式会社
〒107-0052　東京都港区赤坂1-9-15 日本自転車会館2号館7階
電話　03-3584-9821（代）
振替　00140-0-69059

印刷・製本　中央精版印刷株式会社

ISBN978-4-86280-239-2
総合法令出版ホームページ　http://www.horei.com/